北美洲清洁能源开发与投资研究

全球能源互联网发展合作组织

中国电力出版社
CHINA ELECTRIC POWER PRESS

前　言

能源是经济社会发展的重要物质基础。人类对能源的利用，从薪柴到煤炭、石油、天然气等化石能源，再到水能、风能、太阳能等清洁能源，每一次变迁都伴随着生产力的巨大飞跃和人类文明的重大进步。能源作为现代社会发展的动力，关系国计民生、关系人类福祉。传统化石能源的大量开发使用导致资源紧张、环境污染、气候变化等问题日益突出，严重威胁人类生存和可持续发展。从本质上看，可持续发展的核心是清洁发展，关键是推进能源生产侧实施清洁替代，以太阳能、风能、水能等清洁能源替代化石能源。

科学准确的资源量化评估是清洁能源大规模开发利用的重要基础。当前，全球范围内水电、风电、太阳能装机规模已超过总电源装机规模的 30%，清洁能源发展虽然已取得一定成效，但仍存在巨大开发潜力，故对资源开发量的精细化评估研究尤为关键。全球能源互联网发展合作组织（简称“合作组织”）在建立健全全球清洁能源资源数据库的基础上，构建了清洁能源资源评价体系和精细化数字评估模型，开展了全球视角下水能、风能和太阳能理论蕴藏量、技术可开发量、经济可开发量的系统测算与量化评估，形成了“全球清洁能源开发评估平台（GREAN）”，有效提升了全球清洁能源资源评估的准确度与时效性，为相关国家和地区清洁能源的大规模开发利用提供了重要支撑。

系统高效的基地宏观选址是清洁能源大规模开发利用的重要前提。清洁能源基地选址关系到电站开发的经济性，对清洁能源的经济化规模开发和高效利用至关重要。影响基地选址的因素众多，选址分析决策过程复杂、难度较大。选址研究往往受到数据资料的完整性和准确度限制，选址作业必须依赖现场查勘，耗费巨量的人力、财力和时间成本。合作组织综合考虑全球地形高程、地物覆盖、流域水系、自然保护区、地质和地震、电源和电网、人口和经济等诸多因素，构建了清洁能源发电基地宏观选址模型及工具，大幅增加了资料收集环节的广度和深度，将极大提升内

业选址的准确性、经济性和有效性，形成了推动全球清洁能源资源开发的系统化成果，为世界能源战略研究和政策制订提供了可以参考的“工具书”和“数据手册”。

聚焦全球各洲资源评估及基地开发，合作组织编制了全球及亚洲、欧洲、非洲、北美洲、中南美洲、大洋洲等**各大洲清洁能源开发与投资研究系列报告**。本报告是聚焦北美洲的分报告，全面展示了北美洲的清洁能源资源评估和大型基地选址成果。**第 1~3 章，采用数字化方法完成了北美洲水电、风电和光伏发电的资源评估与基地开发研究。**首先分别介绍了资源评估和选址研究的方法体系、模型和数据。水电方面，对北美洲主要流域的水能资源开展了理论蕴藏量测算，选取典型待开发河段提出了梯级开发方案。风电和光伏发电方面，在全面测算和分析影响集中式开发的主要因素基础上，开展了全洲各国家和地区风能、太阳能理论蕴藏量、集中开发的技术可开发量及开发成本测算，并结合北美洲部分国家实际，对分布式开发风电的规模开展了初步量化评估；运用数字平台，研究提出了北美洲大型的陆上和海上风电基地、大型太阳能光伏基地的选址布局，完成了开发条件评价、开发规模评估以及技术经济指标测算。**第 4 章，**基于北美洲能源电力供需发展趋势，统筹区域内、跨区及跨洲电力消纳市场，研究分析大型清洁能源基地送电方向和输电方式。**第 5 章，**梳理了北美洲主要国家的能源政策及投资现状，剖析清洁能源开发项目典型投资模式，结合北美洲水能、风能、太阳能大型基地开发方案开展案例研究，提出了加快北美洲清洁发展的政策和投资模式建议。

全球能源互联网发展合作组织全球清洁能源开发与投资系列报告致力于为全球清洁能源大规模开发利用提供指引和参考，加快推动在能源供给侧实施清洁替代。本报告可为政府部门、国际组织、能源企业、金融机构、研究机构、高等院校和相关人员开展北美洲清洁能源资源评估、战略研究、项目开发、国际合作等提供参考。受数据资料和报告研究编写时间所限，内容难免存在不足，欢迎读者批评指正。

研究范围

本报告研究范围覆盖北美洲 5 个国家和地区，分别为：加拿大、圣皮埃尔和密克隆（法）、美国、墨西哥和库拉索（荷）。

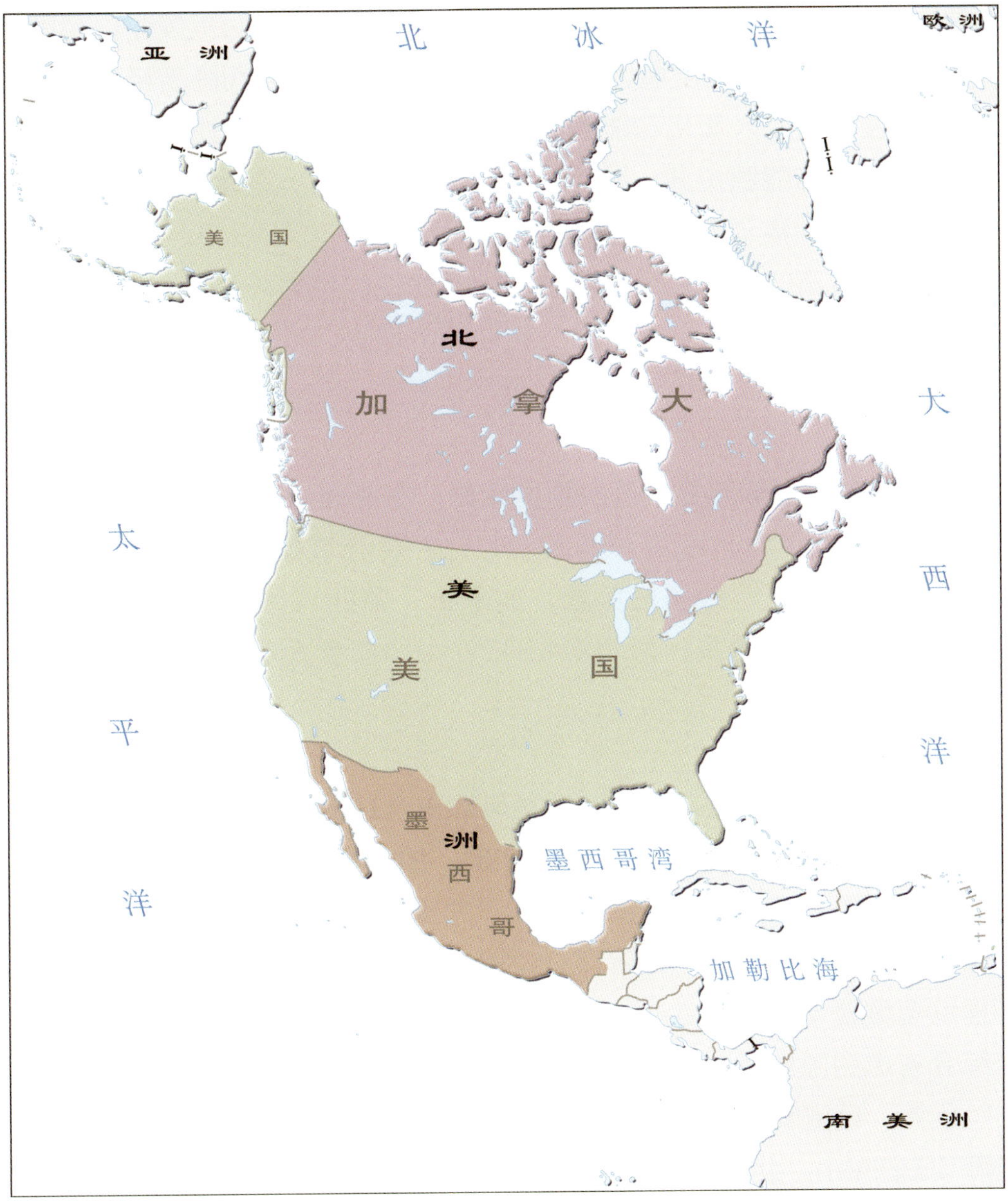

北美洲研究范围示意图

摘 要

北美洲国家自由贸易及经济一体化水平高，积极探索改革和创新，制定国家发展计划，推动产业转型升级和基础设施建设，提出应对气候变化减排目标，积极推动能源系统清洁化发展，发展前景良好。但同时也面临着经济增长放缓、基础设施建设滞后及大量化石能源消费导致碳排放量大等发展挑战。北美洲需要依托丰富的清洁能源资源，秉持绿色低碳发展理念，在水、风、光资源储量量化评估基础上，推动集中式大型清洁能源基地开发和投资，加快清洁发展，促进北美洲以丰富的清洁能源资源为基础，加快绿色发展进程，不断深化区域一体化，推动各国各地区平衡发展，实现经济增长、社会进步和生态保护的全面协调可持续发展。

北美洲水能资源较丰富，开发程度较高，水能理论蕴藏量占全球的 9.2%。经测算，哥伦比亚河、弗雷泽河等 11 个主要流域水能资源理论蕴藏总量 2136.75TWh/a，广泛分布在美国、加拿大、墨西哥等 3 个国家，其中美国水能资源理论蕴藏量最高，为 1064.2TWh/a，加拿大次之，理论蕴藏量达到 1055.92TWh/a。

北美洲风能资源丰富，技术可开发风能占全球的 11.7%，全洲集中式风电平均开发成本 4.55 美分 / kWh，美国中部、加拿大东部集中开发条件优越。报告以国家为单位，完成了北美洲风能资源的量化评估，形成了各国风能资源理论蕴藏量、技术可开发量和经济可开发量的系统化测算结果。经测算，北美洲风能理论蕴藏量 487.7PWh/a，广泛分布于北美洲中部、东部地区。在此基础上，综合考虑资源禀赋、土地资源利用、地理地形、保护区、地质地震、人口分布等因素，经测算，北美洲风能适宜集中开发的技术可开发量 15.4TW，年发电量 40.2PWh。北美洲的风能资源主要分布在美国和加拿大。结合 2035 年北美洲风力发电技术经济性预测结果，考虑交通和电网接入等开发成本，北美

洲集中式风电开发的各国平均度电成本为 2.14~5.17 美分 / kWh。其中，资源条件优异，交通、电网基础设施条件较好的美国中部和东部地区的风电开发经济性更好。

北美洲太阳能光伏资源潜力较大，技术可开发光伏占全球的 4.3%，全洲集中式光伏平均开发成本 2.57 美分 / kWh，集中开发条件良好。经测算，北美洲光伏发电理论蕴藏量 24551.9PWh/a，广泛分布于北美洲西部和南部地区。综合考虑资源禀赋，排除制约大规模集中开发主要限制性因素，北美洲光伏发电技术可开发量 114.1TW，年发电量 203.3PWh。北美洲的太阳能资源主要集中在美国和墨西哥。结合 2035 年北美洲光伏发电技术经济性预测结果，考虑交通和电网接入等开发成本，北美洲集中式光伏开发的各国平均度电成本为 2.27~4.78 美分。其中，资源条件优异，交通、电网基础设施条件较好的美国西部和墨西哥北部地区光伏发电开发经济性更好。

基于精细化数字评估模型以及基地宏观选址模型，对北美洲主要待开发的水电、风电和光伏基地开展了宏观选址研究，完成了开发条件评价、开发规模评估以及技术经济指标测算。

水电基地方面，综合考虑资源特性、开发条件以及生态保护等因素，结合已建水电站情况，以纳尔逊河为例开展了梯级布置方案和大型水电项目开发方案示例研究。

风电基地方面，美国中部、加拿大东部地区适宜建设大规模陆上风电基地，美国东北部沿海和西北部沿海地区适宜建设大规模海上风电基地。报告研究并提出了美国陆上马丁、阿瑟、加登城、兰德、弗拉格斯塔夫，美国海上俄勒冈

州、马萨诸塞州周边、纽约州和新泽西州，加拿大克亚诺、尼切昆和马尼夸根等 12 个大型风电基地的选址成果，完成了开发条件评价、开发规模评估与资源特性分析，综合工程建设与并网条件分析了基地的经济性指标。12 个大型风电基地的总装机规模 138GW，年发电量 470.12TWh/a，总投资约 1779.89 亿美元，其中陆上风电基地的度电成本为 3.08~4.84 美分 / kWh，海上风电基地的度电成本为 5.29~6.88 美分 / kWh，项目经济性好。

光伏发电基地方面，综合考虑资源特性和开发条件，美国西南部和墨西哥大部分地区适宜建设大规模光伏基地。报告研究并提出了美国米德兰、布法罗、锡拉丘兹、罗斯韦尔、布拉夫、海伦代尔、卢塞恩瓦利，墨西哥阿帕钦甘、里奥格兰德、利伯塔德港等 10 个大型光伏基地的选址成果，完成了基地开发条件评价、开发规模评估与资源特性分析，综合工程建设与并网条件，提出了基地的经济性指标。10 个大型光伏发电基地的总装机规模约 105.31GW，年发电量 197.68TWh/a，总投资约 574.96 亿美元，度电成本为 1.99~2.93 美分 / kWh，经济指标优异。

北美洲能源互联网是北美洲水电、风电和光伏电力资源大规模多元化开发和高效利用的配置平台，是实现北美洲能源电力清洁、多元、可靠和经济供应的重要基础。基于对北美洲能源电力供需趋势的分析，统筹区域内、跨区及跨洲电力消纳市场，结合基地电力外送容量、输电距离及电网网架结构等因素，报告提出了北美洲主要大型清洁能源基地的送电方向和输电方式，将基地开发与电网外送有效衔接，推动北美洲清洁能源大规模开发和高效利用。

进一步改善北美洲的营商环境和政策条件、创新投融资模式是推动洲内大型清洁能源基地项目落地实施的关键因素。北美洲地区清洁能源资源具有较高

的开发潜力，开发成本下降空间较大。为推动经济增长、改善生态环境，应进一步加快开发清洁能源资源，改善能源和投资管理政策环境，创新投融资模式。本报告梳理了北美洲整体政策环境，对美国、加拿大、墨西哥 3 个主要国家开展了营商环境、清洁能源开发、电力市场、行业投资、财政政策、土地劳工环保等 6 类电力项目开发的相关政策分析。针对北美洲清洁能源开发，本报告提出了包括发行项目收益债券融资、借助市场化的绿色产业基金融资、优化财务投资者的投资退出渠道等 3 方面的建议，以进一步推动大型清洁能源项目在北美洲国家尽快实施，实现北美洲经济的绿色发展和互惠共赢。

目 录

图目录

表目录

1 水能资源评估与开发

北美洲水能资源较丰富，开发程度较高。报告对密西西比河、科罗拉多河、哥伦比亚河、格兰德河、弗雷泽河、马更些河、纳尔逊河、丘吉尔河、伊斯特梅恩河、鲁珀特河、诺特韦河等 11 个主要流域水能资源进行了数字化评估，测算水能理论蕴藏总量约 2137TWh/a。综合考虑资源特性、开发条件以及生态保护等因素，报告采用数字化研究平台以纳尔逊河为例开展了梯级布置方案和大型水电项目开发方案研究，总装机容量 4025MW，年发电量 17256GWh。

1.1 方法与数据

水能是蕴藏于河川和海洋水体中的势能和动能。广义水能资源包括河川水能、潮汐水能、波浪能、海流能等能量资源；狭义水能资源指河川水流水能资源，本报告主要研究狭义的水能资源，所需基础数据主要包括资源类数据、地理信息类数据以及人类活动和经济性资料等。

1.1.1 资源评估方法

河流水能的理论蕴藏量是河流水能势能的多年平均值，由河流多年平均流量和全部落差经逐段计算得到，单位为 kWh。水能理论蕴藏量与河川径流量和地形落差直接相关。流域内干支流径流受全球气候、区域环境变化、人类活动影响等存在一定变化，但其多年平均径流量相对稳定；河道天然落差取决于地形，一般情况下区域地形较为稳定。因此，河流的水能理论蕴藏量是相对固定和客观的，是评价河流水能资源大小的宏观指标。受水能资源分布特点限制，开展水能理论蕴藏量评估时，一般遵循“从河段到河流、从支流到干流”的原则，按照流域开展逐级研究。

采用数字化方法评估水能资源理论蕴藏量的目标是计算河流的理论年发电量。首先以卫星遥感观测数据为基础得到数字高程模型，生产数字化河网数据；通过提取河流比降突变点、支流汇入点和河口位置，在满足断面间距要求的前提下，合理确定控制断面，生成用于计算分析的河段；然后以全球径流场数据、全球主要河流水文站数据为基础，结合河流或者湖泊年降水量、河段区间集水面积、上下断面多年径流量平均值、区间水位等信息，计算得到各河段的流量信息，进而完成理论蕴藏量的测算，具体评估流程如图 1-1 所示。

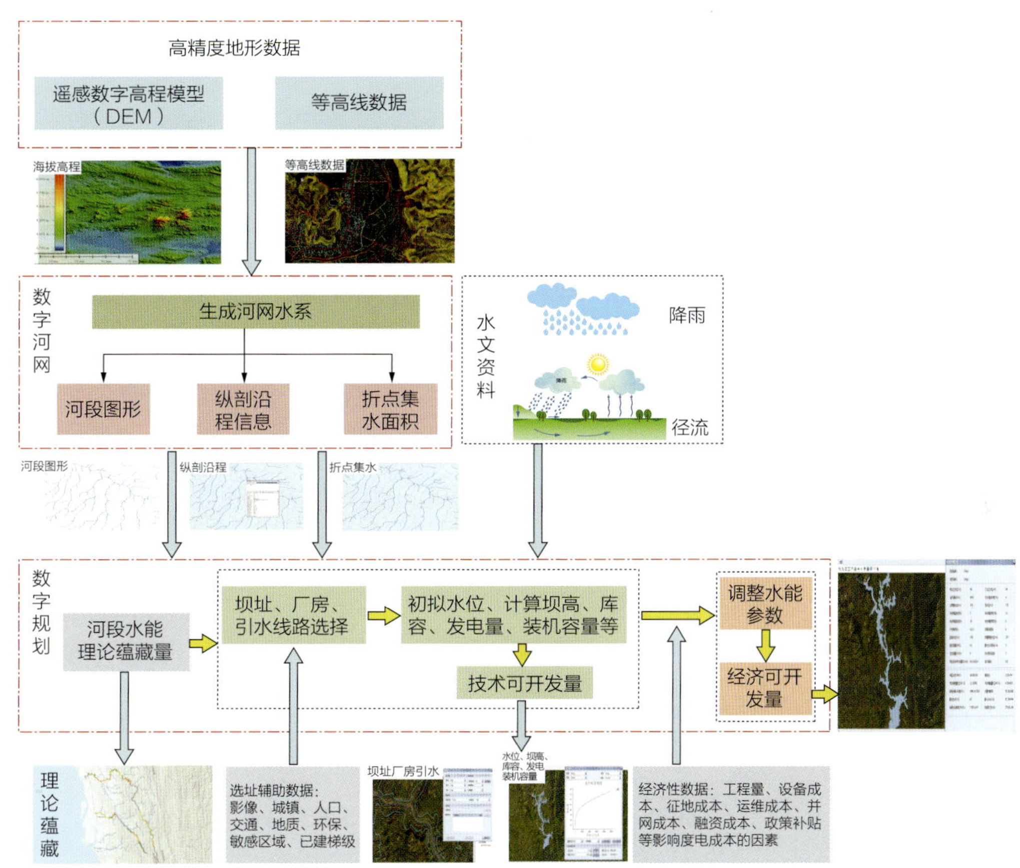

图 1-1　水能发电能力评估技术路线图

一般情况下，流域的水能资源理论蕴藏量是其干流及主要支流范围内各河段理论蕴藏量的总和；一个国家的水能理论蕴藏量是其国界范围内各流域理论蕴藏量的总和。界河资源量按各 50% 分别计入两岸国家。

评估河流的技术可开发量，主要任务是剔除不宜开发水电站的河段的资源，而评估经济可开发量需进一步考虑影响水电度电成本的经济性因素，结合替代电源成本或受电地区可承受电力成本进行对比分析。

1.1.2 宏观选址方法

本报告旨在充分利用全球资源数据和地理信息，建立系统化、自动化的宏观选址方法，辅助开展水电基地的选址研究，为政策制定者和商业投资人提供决策支持。

研究建立了数字化水电基地宏观选址方法，基于层次分析方法，在传统电站选址方法的基础上，充分利用全球尺度下丰富的数字化数据信息，综合考虑资源条件、地形地貌、建设条件、开发成本等因素，建立基地宏观选址分析模型，然后利用数值模拟方法计算基地的技术和经济指标，最后收集、整理已建发电基地成果进行验证与总结。采用该方法，可针对一个区域、一个河段，考虑不同的限制条件、开发方式，快速形成多种开发方案并开展比选和优化。研究的主要步骤如图 1-2 所示。

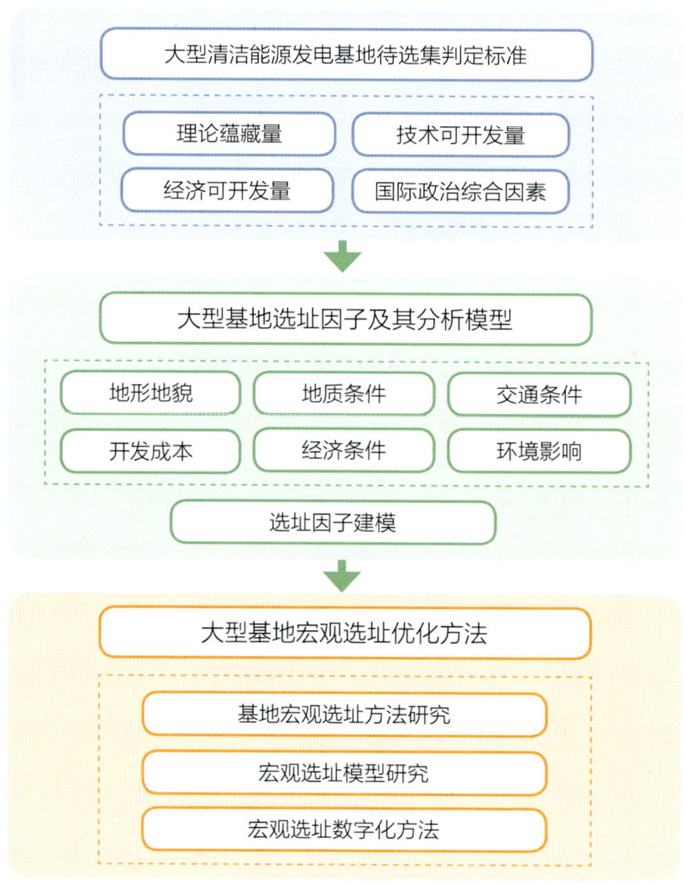

图 1-2 数字化宏观选址技术路线图

河流水电宏观选址研究是以河流水能资源蕴藏量为基础，分析影响水电开发的工程地质、环境保护和经济社会等限制性因素，明确开发条件，拟定重点河段的梯级开发方案，并完成水电开发相关技术经济参数测算。基于地理信息技术的水电站数字规划流程主要包括数据采集与预处理、数字化河网提取、限制性因素分析、数字化选址、水能参数计算、规划电站建模三维展示等内容，其选址流程如图 1-3 所示。

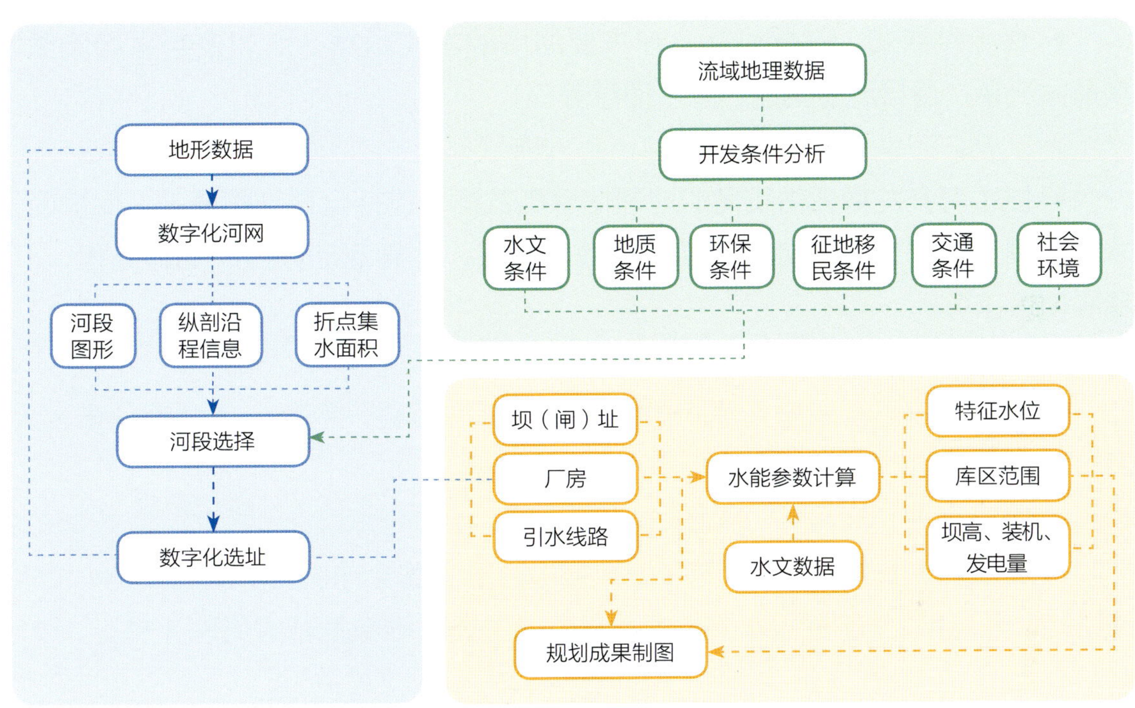

图 1-3　水电基地数字化宏观选址流程示意图

具体的，利用覆盖全球的流域地形数据和水文径流资料，分析河段径流特性和水能资源条件，结合高精度数字高程模型数据，识别并提取具有矢量河道图形及属性信息的河段数据，建立数字化河网；结合径流数据计算河段的理论蕴藏量，优先选取比降大、蕴藏量丰富的河段作为目标开发河段；结合站址周边的地理数据，从水文条件、地质条件、水库淹没及移民条件、保护区分布、对外交通等多方面分析电站开发的限制性因素；以流域地形高程数据为基础，结合径流、地质、国土、生态等数字信息，开展水电站数字化选址；利用三维地形、影像等参考数据，寻找适宜建坝的地点，绘制坝址、副坝、厂房、引水线路等规划信息，生成水电站库区范围，并计算获得集水面积、正常蓄水位、库容年发电量、装机容量等水能参数；绘制河流梯级开发方案纵剖面图以及技术经济指标表等开发成果。

1.1.3　基础数据与参数

1.1.3.1　基础数据

为实现数字化水能资源评估，本报告建立了包含 3 类 16 项覆盖全球范围的资源评估基础数据库。

- 资源类数据，主要包括全球主要河流的水文数据，比如多年平均流量、年最大流量、逐日流量信息、降水信息等。

- 技术可开发量评估所需的地理信息类数据，包括全球地物覆盖、保护区、水库和湖泊、构造板块边界和断层、地质岩层、地震活动频度、地理高程、卫星影像等信息。

- 评估经济可开发量所需人类活动和经济性资料，包括全球城镇分布、人口分布、电源和电网分布、交通基础设施等数据。

其中，全球水文数据为全球径流数据中心的涵盖全球主要河流的 9484 个水文站点、30 年以上的逐日水文数据，其他的关键基础数据介绍见表 1-1。

表 1-1　全球水资源和地理信息基础数据

序号	数据名称	空间分辨率	数据类型
1	全球水文数据	—	其他数据
2	全球地面覆盖物分类信息	30m×30m	栅格数据
3	全球主要保护区分布	—	矢量数据
4	全球主要水库分布	—	矢量数据
5	全球湖泊和湿地分布	1km×1km	栅格数据
6	全球主要断层分布	—	矢量数据
7	全球板块边界分布 空间范围：南纬 66° —北纬 87°	—	矢量数据
8	全球历史地震频度分布	5km×5km	栅格数据
9	全球主要岩层分布	—	矢量数据
10	全球地形卫星图片	0.5m×0.5m	栅格数据
11	全球地理高程数据 空间范围：南纬 83° ～北纬 83° 间陆地	30m×30m	栅格数据

续表

序号	数据名称	空间分辨率	数据类型
12	全球海洋边界数据	—	矢量数据
13	全球人口分布	900m×900m	栅格数据
14	全球交通基础设施分布	—	矢量数据
15	全球电网地理接线图	—	矢量数据
16	全球电厂信息及地理分布	—	矢量数据

注：1. 全球水文数据来源于全球径流数据中心（GRDC）。
2. 全球地面覆盖物分类信息来源于中国国家基础地理信息中心。
3. 全球主要保护区分布数据来源于国际自然保护联盟（IUCN）和联合国环境规划署世界保护监测中心（UNEP-WCMC），在联合国分类的基础上，结合中国国家标准（GB/T 14529—1993）进行了重新分类。
4. 全球主要水库分布数据来源于德国波恩全球水系统项目。
5. 全球湖泊和湿地分布数据来源于世界自然基金会、环境系统研究中心和德国卡塞尔大学。
6. 全球主要断层分布数据来源于美国环境系统研究所。
7. 全球板块边界分布数据来源于美国环境系统研究所。
8. 全球历史地震频度分布数据来源于世界资源研究所（WRI）。
9. 全球主要岩层分布数据来源于欧盟委员会、德国联邦教育与研究部（BMBF）、德意志科学基金会（DFG）等机构。
10. 全球地形卫星图片数据来源于谷歌公司。
11. 全球地理高程数据来源于美国国家航空航天局（NASA）和日本经济贸易工业部（METI）。
12. 全球海洋边界数据来源于比利时弗兰德斯海洋研究所（VLIZ）。
13. 全球人口分布数据来源于哥伦比亚大学国际地球科学信息网络中心。
14. 全球交通基础设施分布数据来源于北美制图信息学会（NACIS）。
15. 全球电网地理接线图数据来源于全球能源互联网发展合作组织（GEIDCO）。
16. 全球电厂信息及地理分布数据来源于谷歌、斯德哥尔摩 KTH 皇家理工学院和世界资源研究所（WRI）。

1.1.3.2 计算参数

报告重点关注并评估全球范围内适宜开发水电站的河段，一般选取流量大、落差集中且形成水库后对保护区、森林、耕地和城市等区域无影响或影响小的河段。

1. 技术指标测算参数

报告采用水能资源理论蕴藏量进行河流（河段）开发价值评价，根据理论蕴藏量的大小划分为水能资源丰富、水能资源较丰富、具有水能开发价值、水能开发价值一般四个级别。

开展水电基地宏观选址与梯级开发方案研究时，应优先选取水能资源富集河段，并合理规避野生生物、自然遗迹等不宜开发的保护区占地，避免或减少对森林、耕地、湿地沼泽、城镇等地面覆盖物所在区域的淹没。报告采用的主要水能资源评估技术指标和参数见表 1-2。

表 1-2　全球水能资源评估模型采用的主要技术指标和参数

类型	限制因素	阈值
河流（河段）理论蕴藏量评价	水能资源丰富	＞30TWh
	水能资源较丰富	10~30TWh
	具有水能开发价值	5~10TWh
	水能开发价值一般	<5TWh
保护区限制	自然生态系统	尽量避免
	野生生物类	不宜开发
	自然遗迹类	不宜开发
	自然资源类	尽量避免
	其他保护区	尽量避免
地物覆盖限制	树林	避免或减少淹没
	耕地	避免或减少淹没
	湿地沼泽	避免或减少淹没
	大型城市	避免淹没
	小型城市	避免或减少淹没

2. 经济性测算参数

清洁能源基地的投资水平是反映项目投资规模的直接量化指标，亦是进一步分析基地开发经济价值的基础。报告综合多元线性回归预测法、基于深度自学习神经元网络算法的关联度分析预测法，建立了水电开发投资水平预测模型；采用平准化度电成本法，建立了水电开发成本计算模型。

北美洲水电开发经济性研究将参考北美洲发展水平以及 2035 年北美洲水电开发的技术类、非技术类投资成本的预测结果。结合电站所在国的经济发展水平以及融资利率、税率等金融参数，根据项目特点与实际条件，开展水电站国民经济评价，测算水电站度电成本。报告采用的北美洲水电开发经济性计算财务参数推荐取值以及主要水电开发国家税率信息参考取值，详情见表 1-3 和表 1-4。

表 1-3 北美洲水电开发经济性计算的财务参数推荐取值

序号	指标	参数
1	贷款年限	20 年
2	贷款比例	80%
3	贷款利率	3%~6%
4	贴现率	2%
5	建设年限	3~10 年
6	运行年限	30 年
7	残值比例	0%
8	运维占比	2.5%
9	厂用电率	2%
10	弃水率	2%

表 1-4 北美洲水电开发重点国家税率信息参考取值

单位：%

国家	增值税率	所得税率
美国	—	21
加拿大	—	26.5
墨西哥	16	30

注：部分数据来源于中华人民共和国商务部投资促进事务局。

1.2 资源评估

1.2.1 水系分布

北美洲水系流域众多，拥有密西西比河、哥伦比亚河、马更些河等多条世界著名河流。根据分析，北美洲流域面积超过 2 万 km^2 的一级河流共有 28 条，流域面积共约 1118 万 km^2，占北美洲总面积约 53%。全洲主要河流水系分布情况如图 1-4 所示。

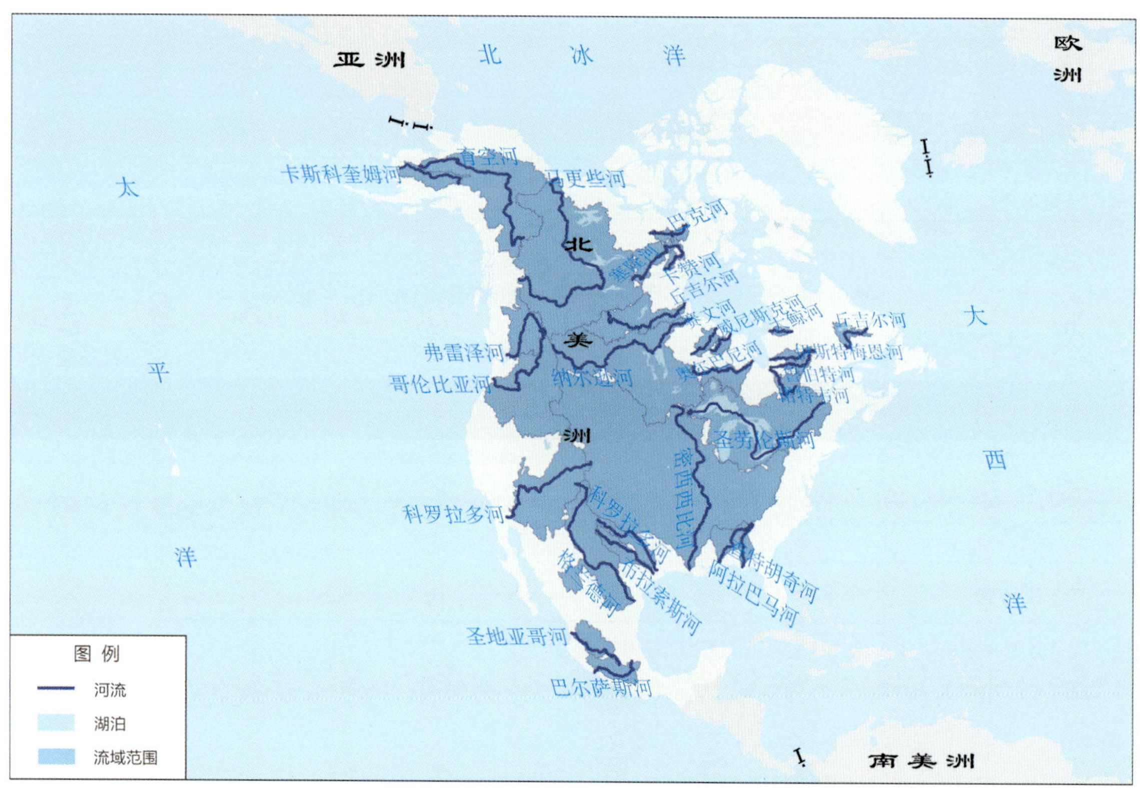

图 1-4　北美洲主要河流分布情况示意图

1.2.2 水文数据

水文数据用于描述河流、湖泊等水体的特征，包含降水、蒸发、下渗、水位、流量、泥沙、水质等内容，是涉水工程在规划、设计和施工阶段重要的基础资料，一般通过建立永久或临时的水文站观测获取。本次研究的北美洲大陆，基于全球径流数据中心的基础数据，共包含了 2100 余座水文站的观测资料，除覆盖流域面积超过 2 万 km^2 的 28 条一级流域外，还包括太平洋沿岸、大西洋沿岸以及岛屿的一些流域。北美洲大陆主要水文站分布如图 1-5 所示。

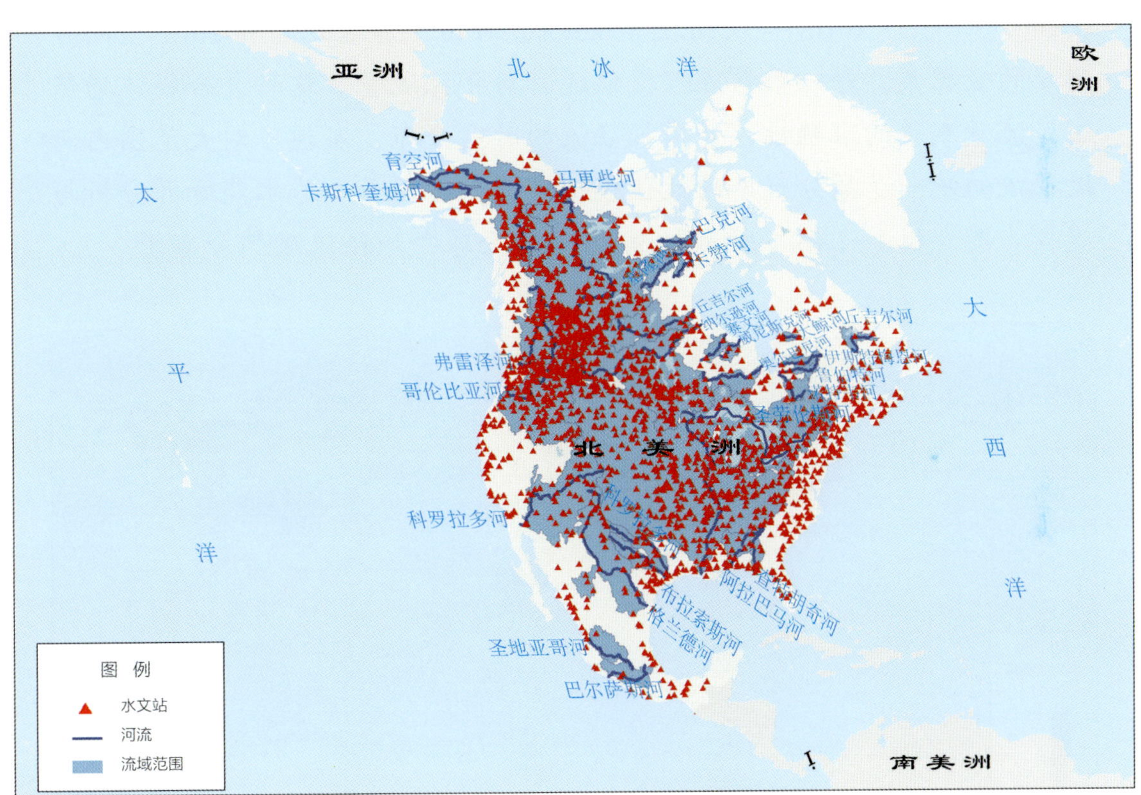

图 1-5　北美洲主要水文站分布示意图

专栏 1-1　基于水文数据的河流特性分析

1. 全球复合径流场数据集

本次研究利用全球径流数据中心（Global Runoff Data Centre，GRDC）的全球复合径流场数据集（Composite Runoff Fields），获取除南极洲以外所有大陆的径流场数据[1]。该数据集是基于全球径流数据中心收集的水文观测站资料和新罕布什尔大学发布的全球河网模拟数据（STN-30P），通过气候驱动的水量平衡模型（Climate-driven Water Balance Model，WBM）反向演算生成的30份（赤道处约50km）空间分辨率的数据集，每一个格点可提供逐月与年径流量。这种复合径流场保留了流量测量的准确性，并模拟径流的时空分布，实现了对大范围内河流径流的统一、高分辨率的最佳模拟计算，适用于全球水能资源分析与建模。图专栏1-1图1所示即为GRDC全球年均径流深[2]分布图。

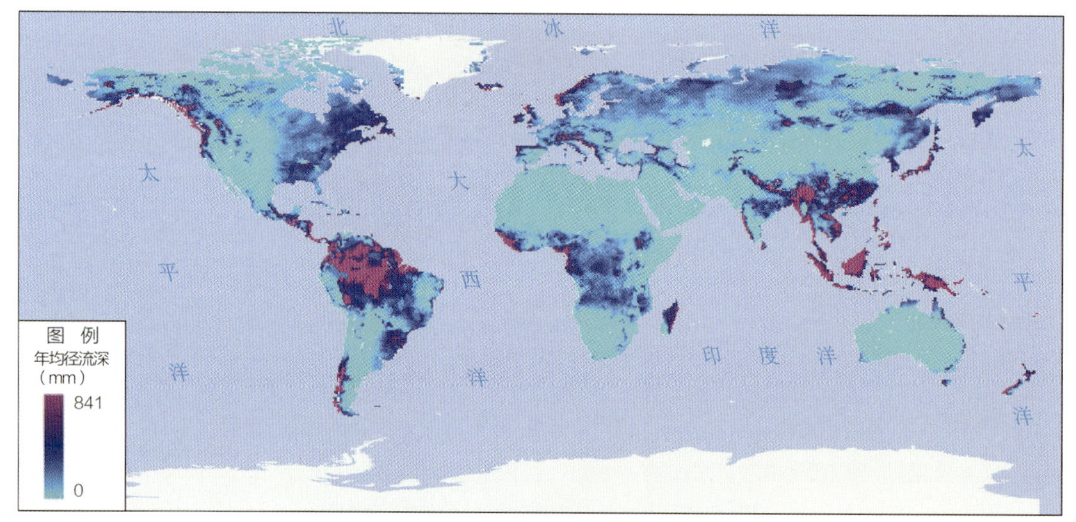

专栏 1-1 图 1　全球年均径流深分布图

---

[1] 全球复合径流场数据集（Composite Runoff Fields）是由全球径流数据中心（Global Runoff Data Center，GRDC）和新罕布什尔大学（University of New Hampshire，UNH）于2002年联合发布。

[2] 径流深是指计算时段内某一过水断面上的径流总量平铺在断面以上流域面积上所得到的水层深度，年均径流深即为径流深的多年平均值。

2. 通过水文数据分析河流水文特性

通过多年、逐月的径流数据，可以分析一条河流的基本水文特性。例如多年平均流量、径流量、枯水期与丰水期的起止月、最大流量、最小流量出现的月份等信息，用于河流水能资源开发技术指标的计算。图专栏 1–1 图 2 展示了哥伦比亚河的 Below Ice Harbor 水文站多年径流观测数据，可以看出该河段流量在年内和多年的变化情况。

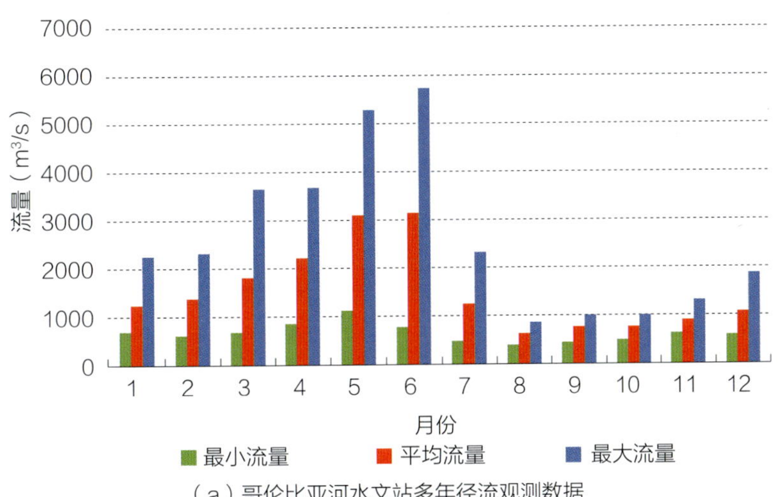

（a）哥伦比亚河水文站多年径流观测数据

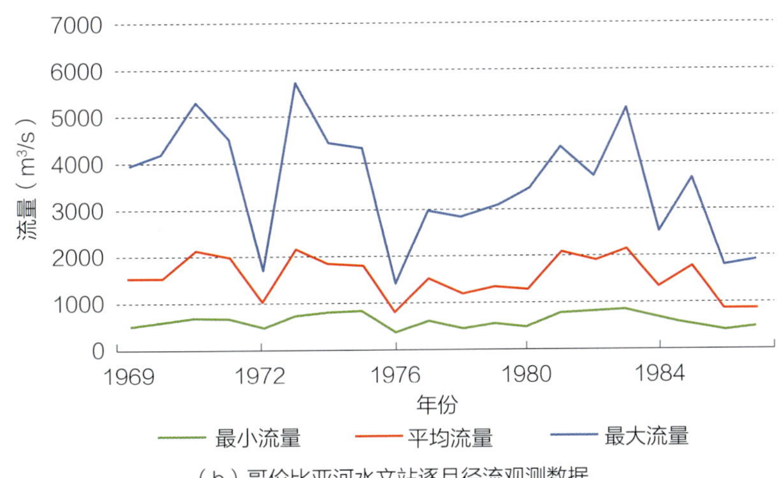

（b）哥伦比亚河水文站逐月径流观测数据

专栏 1–1 图 2　哥伦比亚河 Below Ice Harbor 水文站流量数据图

在北美洲河流选取全球径流数据中心提供的水文站实测年均径流数据与全球复合径流场数据集的模拟径流数据进行对比，见表 1-5。模拟数据和降水有较强的相关性，降水数据误差会影响模拟数据的精度；且模拟数据难以准确反映人类活动对径流造成的影响，比如蒸发、灌溉、供水、跨流域引水等，都是造成误差的主要来源。研究将对误差较大区域内 GRDC 水文观测站数据进行还原处理，将观测径流数据最大限度还原为河道天然状况下的径流数据，并采用还原后的观测站流量资料对径流场数据计进行修正。

表 1-5　北美洲河流径流数据对比表

序号	河流名称	年均径流量观测值（m^3/s）	年均径流量模拟值（m^3/s）	误差（%）
1	丘吉尔河	706.75	668.32	5.44
2	科罗拉多河	44.53	49.12	-10.31
3	哥伦比亚河	1572.35	1614.76	-2.70
4	伊斯特梅恩河	908.31	905.39	0.32
5	弗雷泽河	1445.52	1433.13	0.86
6	马更些河	4182.58	4072.01	2.64
7	密西西比河	232.95	255.27	-9.58
8	纳尔逊河	39.1	41.74	-6.74

1.2.3　地面覆盖物

地表覆盖决定了地表的辐射平衡、水流和其他物质搬运、地表透水性能等，其空间分布与变化是全球变化研究、地球系统模式研究、地理国（世）情监测和可持续发展规划等的重要基础性数据。在中国政府支持下，国家基础地理信息中心联合 18 家单位，研制出世界上首套 30m 分辨率的全球地表覆盖数据产品，包含耕地、森林、草地、城市、冰川等 10 个主要覆盖物分类[1]。2014 年 9 月，中国政府将这一产品赠送给联合国，供国际社会免费使用，以支持全球开展应对气候变化和可持续发展研究。

大型水电基地的开发建设应避免淹没大面积耕地以及人口密集的城市村庄，保护生态环境。因此，耕地和城市分布是影响水电资源开发的主要地表覆盖物限制性因素，其分布的情况如图 1-6 所示。

[1] 资料来源：陈军，廖安平，陈晋，等. 全球 30m 地表覆盖遥感数据产品 -GlobeLand30[J]. 地理信息世界，2017，24（1）：1-8.

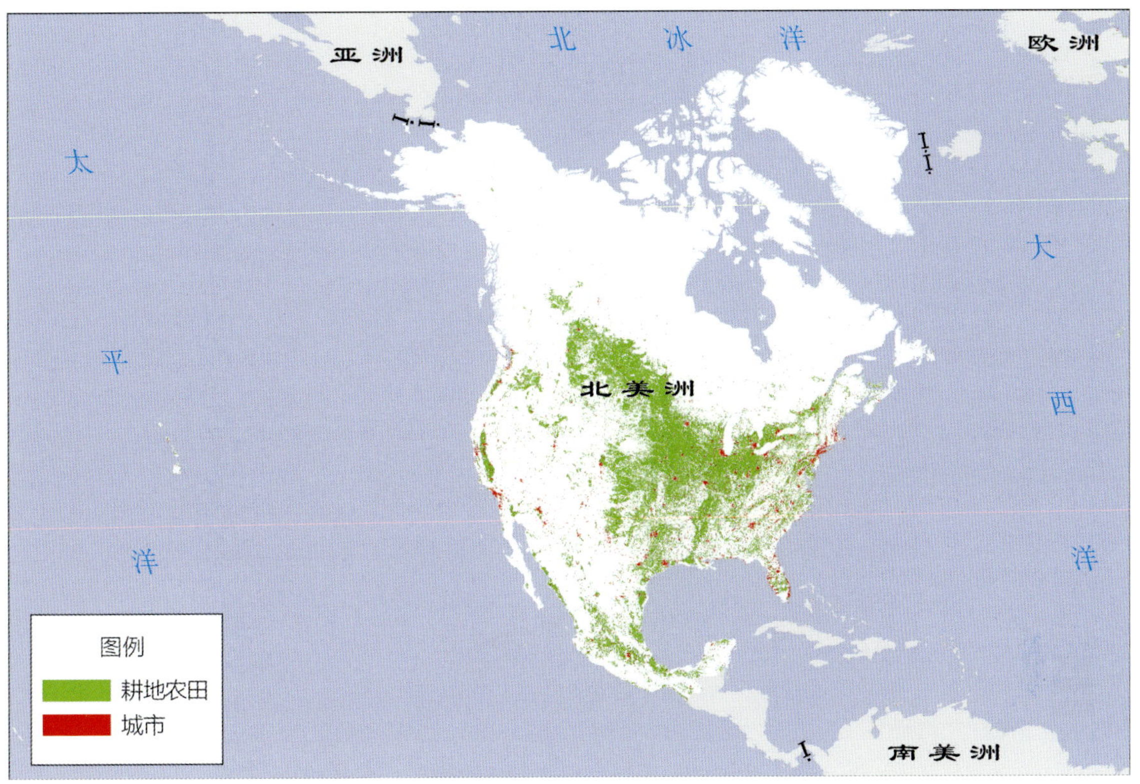

图 1-6　北美洲耕地和城市分布情况示意图

北美洲耕地覆盖率较高，耕地主要分布于美国中部和加拿大南部地区，城市主要分布于东、西部沿海和中部平原地区。城市分布一定程度上反映了人口的聚集情况，在广域空间内城市与耕地的分布往往具有较好的趋同性。

1.2.4　地质条件

地质断层分布和历史地震频率数据是大型水电基地的开发与选址研究的重要参考因素，一般情况，构造板块边界、地质断层以及历史地震发生频率较高的区域不宜建设大型的水电项目。北美洲地质断层分布和历史地震情况示意图如图 1-7 所示。美国、加拿大西部沿海地区、墨西哥南部沿海地区历史地震高发，北美洲西部和东部部分地区地质构造较不稳定，这些区域的水电基地选址开发需要考虑地质地震的影响。

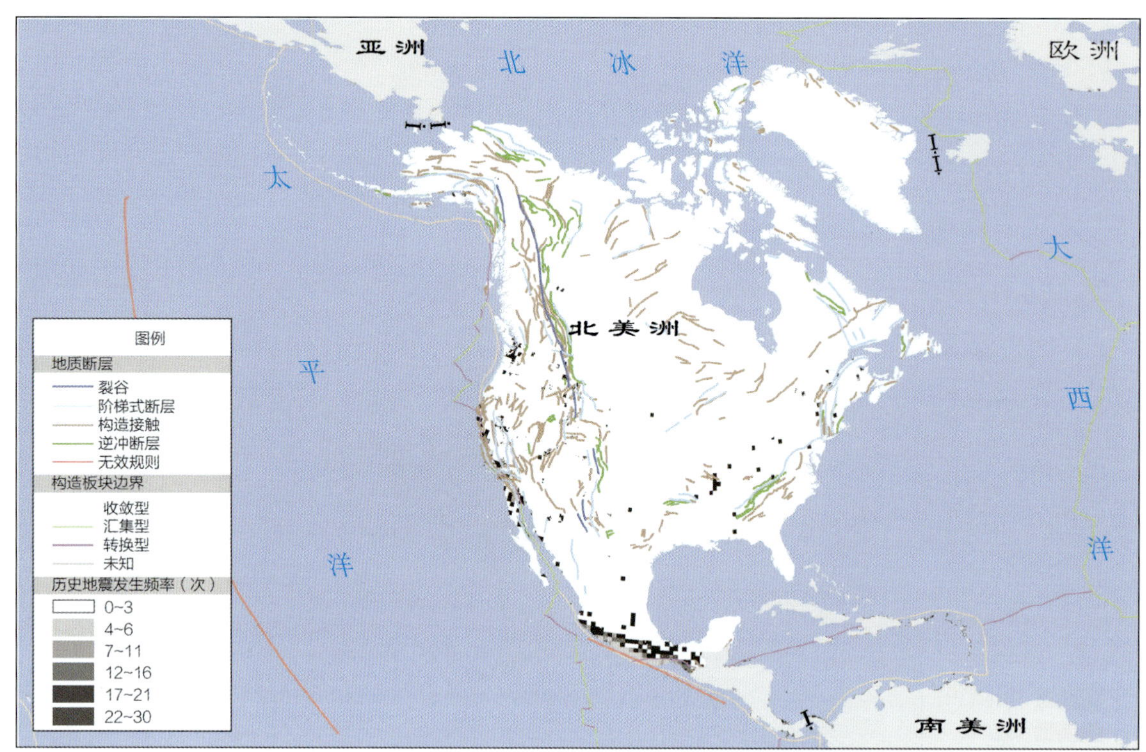

图 1-7　北美洲主要断层分布和历史地震情况示意图

岩层类型及分布情况对于大型水电基地的开发与选址研究同样重要，一般情况，选取地质条件稳定，坝址与厂房附近无大型滑坡等地质灾害，大坝的建基面选取稳定、承载力强的基岩，如变质岩、火山岩。北美洲岩层分布情况示意图如图 1-8 所示，北部以混合沉积岩和硅质碎屑沉积岩为主，西部以基性火山岩为主，南部以松散沉积岩为主，东部主要以酸性深成岩和变质岩分布为主。

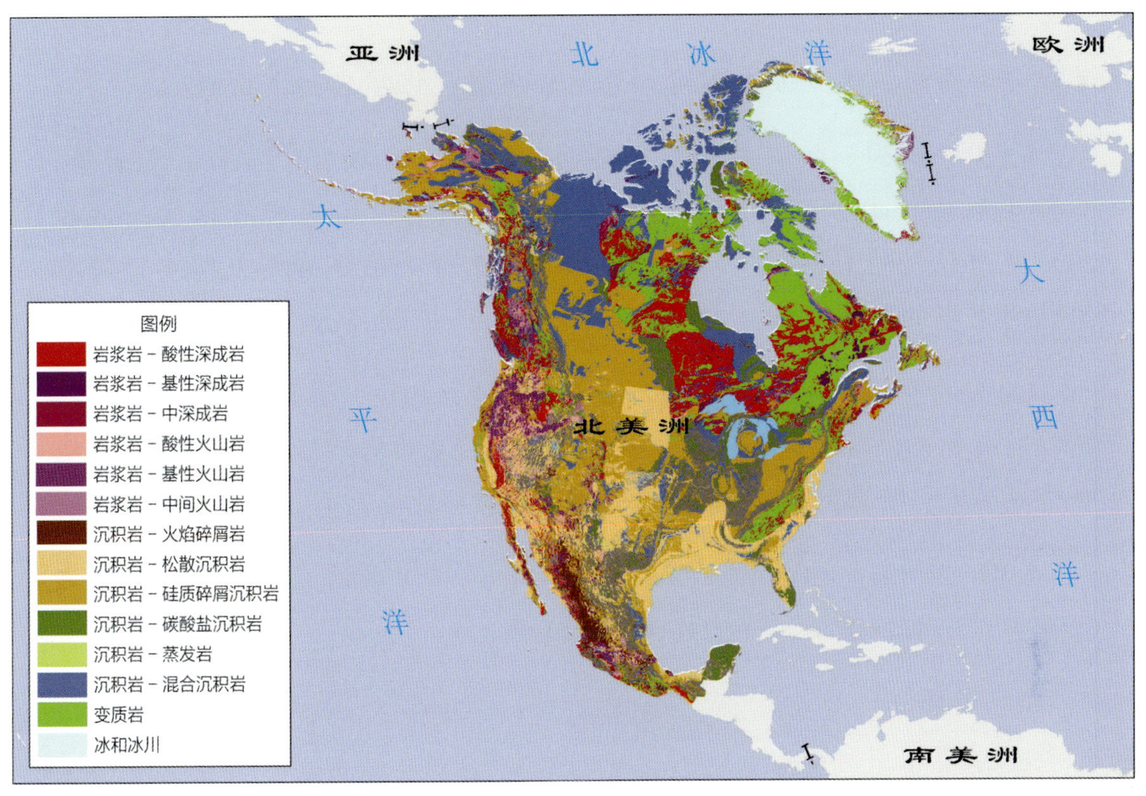

图 1-8　北美洲主要岩层分布情况示意图

专栏 1-2

岩层性质与水电开发

岩石（Rock）是固体地壳的主要组成物质，岩石的坚硬程度和强度取决于成因类型、矿物成分和结构构造，其中稳定性好、强度高的岩体常作为建筑物地基、地下洞室围岩等的介质。

1. 岩浆岩

岩浆岩又称火成岩，是由地壳内的岩浆上升或喷发冷凝固化而成的岩石。深成岩形成于地表以下 3km，强度高、岩性均一、大岩体较完整、透水性小，常是较好的高坝坝基。火山岩由火山喷出地表形成，岩性较复杂，强度差别大，作为高坝地基需要进行详细的勘察研究。

2. 沉积岩

沉积岩是地壳演变过程中，在地表或接近地表的常温、常压条件下，各类先成母岩的风化产物经搬运、沉积和成岩作用形成的岩石。按其成分和搬运、沉积方式不同，分为碎屑岩、化学岩和生物岩。

（1）碎屑岩。按碎屑物粒径不同，可细分为砾岩、砂岩、泥岩等，其强度取决于成分、固结程度等，硅质和钙质胶结的岩石强度一般较高，泥质胶结的岩石强度较低。泥岩、页岩等一般不含水且隔水，可利用作为大坝的防渗依托。

（2）化学岩。经化学作用溶解物质的溶液经搬运、富集后沉积形成，硅质碎屑沉积岩、碳酸盐沉积岩和蒸发岩属于常见的化学岩。多具有可溶性，会造成水库、坝基渗漏，削弱地基强度甚至破坏地基，不宜建设水电工程。

（3）生物岩。生物作业形成或由生物残骸组成的岩石，在沉积岩占比很少，一般强度低，不宜建设水电工程。

3. 变质岩

变质岩是原始岩层经过物理化学改变生成的新岩石。变质岩一般由岩浆岩和沉积岩经变质作用形成，强度较高，是较好的地基岩体。

1.2.5 水能资源总述

北美洲水能资源理论蕴藏量在 50GWh 及以上的河流共计 12004 条，水能资源理论蕴藏量共计 4261TWh/a，占全球的 9.2%。北美洲水能的待开发潜力主要集中在弗雷泽河、纳尔逊河、马更些河等流域。报告对北美洲密西西比河、科罗拉多河、哥伦比亚河、格兰德河、弗雷泽河、马更些河、纳尔逊河、丘吉尔河、伊斯特梅恩河、鲁珀特河、诺特韦河等 11 个主要流域开展了水能资源的数字化评估测算，其分布如图 1-9 所示，流域面积 854 万 km^2，占北美洲一级河流的 76%，覆盖了主要待开发的水能资源。

经过数字平台测算，11 个流域的理论蕴藏量总和约 2136.75TWh/a，具体结果见表 1-6。

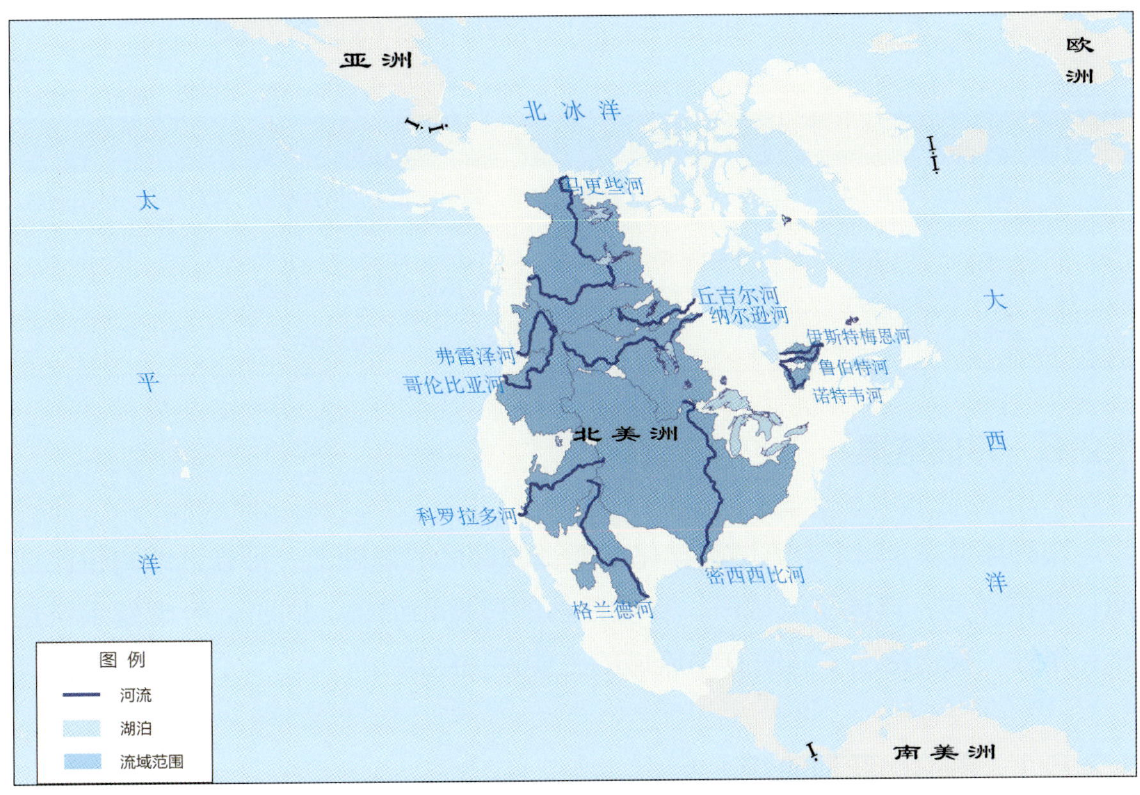

图 1-9 北美洲 11 个主要流域分布情况示意图

表 1-6 北美洲 11 个流域水能资源理论蕴藏量

序号	流域名称	流域面积（万 km^2）	理论蕴藏量（TWh/a）
1	密西西比河	315	508.79
2	科罗拉多河	63	112.61
3	哥伦比亚河	71	533.61
4	格兰德河	54	29.02
5	弗雷泽河	23	177.61
6	马更些河	175	527.16
7	纳尔逊河	112	135.51
8	丘吉尔河	26	27.86
9	伊斯特梅恩河	4.4	29.83
10	鲁珀特河	4.5	24.36
11	诺特韦河	6.6	30.39
合计		854	2136.75

按照流域涉及国家开展国别统计评估，水能理论蕴藏量主要分布在美国、加拿大、墨西哥等 3 个国家，其中美国水能资源理论蕴藏量最高，为 1064.20TWh/a；其次为加拿大，水能资源理论蕴藏量为 1055.92TWh/a。具体结果见表 1-7。

表 1-7　北美洲按国别统计的 11 个流域水能资源理论蕴藏量

单位：TWh/a

序号	国家名称	理论蕴藏量	流域
1	美国	1064.20	密西西比河、科罗拉多河、哥伦比亚河、格兰德河、弗雷泽河、纳尔逊河
2	加拿大	1055.92	弗雷泽河、马更些河、纳尔逊河、丘吉尔河、伊斯特梅恩河、鲁珀特河、诺特韦河、哥伦比亚河、密西西比河
3	墨西哥	16.63	格兰德河、科罗拉多河

1.2.6　评估结果

在开展北美洲 11 个流域数字化水能资源评估的基础上，报告选取哥伦比亚河、弗雷泽河，详述了流域干、支流评估的过程和结果。同时，考虑到系统性和完整性，报告给出了其他 9 个流域的主要评估结果。

1.2.6.1　哥伦比亚河流域

哥伦比亚河（Columbia）流域水能资源丰富。基于基础数据和算法模型，建立了哥伦比亚河数字化河网，河网总长度 70998km，覆盖面积 71 万 km^2，蕴藏总量 533.61TWh/a。分析流域内具有水能开发价值（理论蕴藏量达 5TWh/a 以上）的河流（河段）14 条，共计 3605km；其中具有丰富水能资源（理论蕴藏量达 30TWh/a 以上）的河流（河段）1 条。流域分布如图 1-10 所示。

哥伦比亚河干流与主要支流河流长度、集雨面积以及水能理论蕴藏量的计算结果见表 1-8。哥伦比亚河流域水能资源主要分布于其干流，理论蕴藏量为 164.08TWh/a，占比为 30.75%；其次为斯内克河（Snake），理论蕴藏量为 154.36TWh/a，占比 28.93%。

从流域河段看，哥伦比亚河流域具有丰富水能资源的河段位于中下游大古力（Grand Coulee）至里奇兰（Richland），河段长约 475km，理论蕴藏量 82.12TWh/a。该河段有大古力水电站、约瑟夫酋长（Chief Joseph）水电站、石河段（Rocky Reach）水电站、瓦纳普姆（Wanapum）水电站等著名的大型水利水电工程。

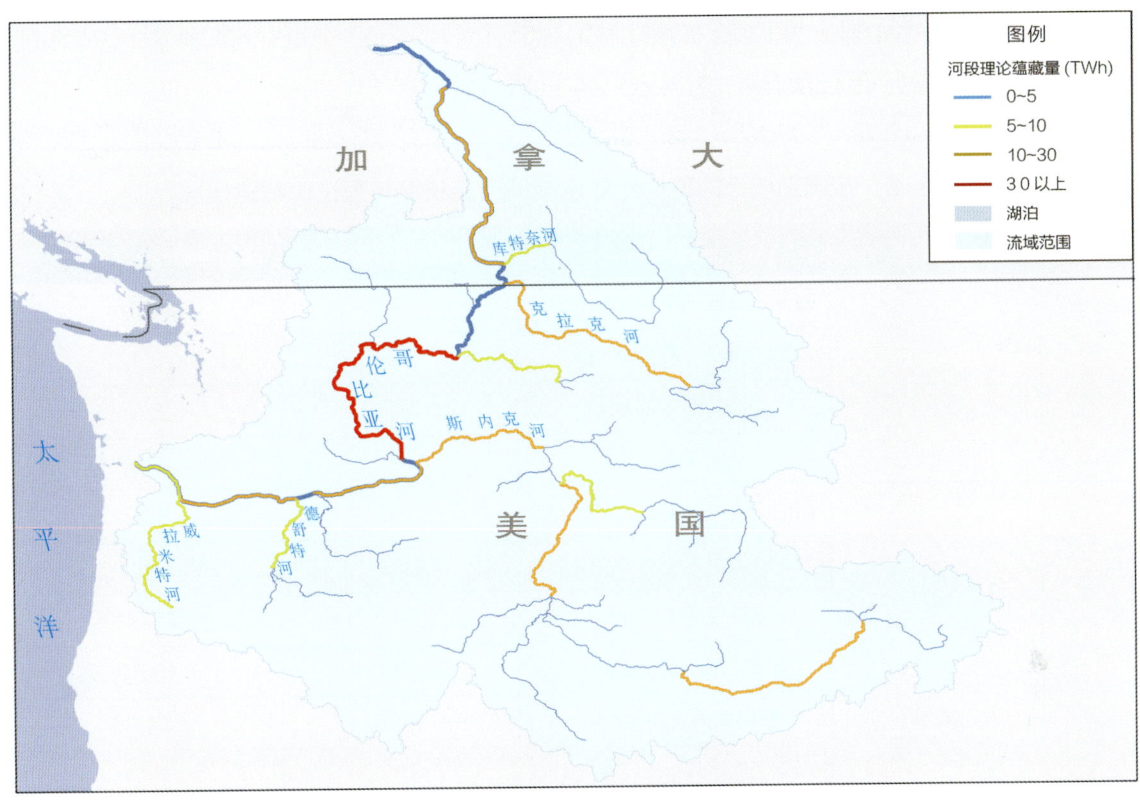

图 1-10　哥伦比亚河主要河流理论蕴藏量分布示意图

表 1-8　哥伦比亚河干流与主要支流理论蕴藏量

序号	河流名称	长度（km）	集雨面积（km^2）	理论蕴藏量（TWh/a）
1	哥伦比亚河干流（Columbia）	1788	709019	164.08
2	库特奈河（Kootenay）	601	43941	32.96
3	克拉克河（Clark）	825	67903	41.77
4	斯波坎河（Spokane）	408	17791	10.89
5	斯内克河（Snake）	1676	305337	154.36
6	约翰迪河（John Day ）	423	20501	4.80
7	德舒特河（Deschutes ）	665	40522	18.80
8	威拉米特河（Willamette）	402	29211	24.58
9	其他	—	—	81.37
哥伦比亚河总计		—	—	533.61

哥伦比亚河流域主要国家水能分布见表 1-9，哥伦比亚河流域 79.88% 的水能理论蕴藏量分布在美国，为 426.24TWh/a。

表 1-9　按国别统计的哥伦比亚河流域河流长度与理论蕴藏量情况

序号	国家名称	河流名称	河流长度（km）	理论蕴藏量（TWh/a）
1	加拿大	哥伦比亚河干流（Columbia）	571	26.37
		库特奈河（Kootenay）	369	26.12
		克拉克河（Clark）	27	15.95
		其他	—	38.92
2	美国	哥伦比亚河干流（Columbia）	1217	137.71
		库特奈河（Kootenay）	232	6.83
		克拉克河（Clark）	797	25.82
		斯波坎河（Spokane）	408	10.89
		斯内克河（Snake）	1676	154.36
		约翰迪河（John Day）	423	4.80
		德舒特河（Deschutes）	665	18.80
		威拉米特河（Willamette）	402	24.58
		其他	—	42.45

1.2.6.2　弗雷泽河流域

弗雷泽河（Frazer）流域水能资源丰富。基于基础数据和算法模型，建立了弗雷泽河数字化河网，河网总长度 22241km，覆盖面积 23 万 km^2，蕴藏总量 177.61TWh/a。分析流域内具有水能开发价值（理论蕴藏量达 5TWh/a 以上）的河流（河段）3 条，共计 565km。其中具有丰富水能资源（理论蕴藏量达 30TWh/a 以上）的河流（河段）1 条。流域分布如图 1-11 所示。

弗雷泽河干流与主要支流河流长度、集雨面积以及水能理论蕴藏量的计算结果见表 1-10。弗雷泽河流域水能资源主要分布于其干流，理论蕴藏量为 85.61TWh/a，占比为 48.20%；其次为汤普森河（Thompson），理论蕴藏量为 20.37TWh/a，占比 11.47%。

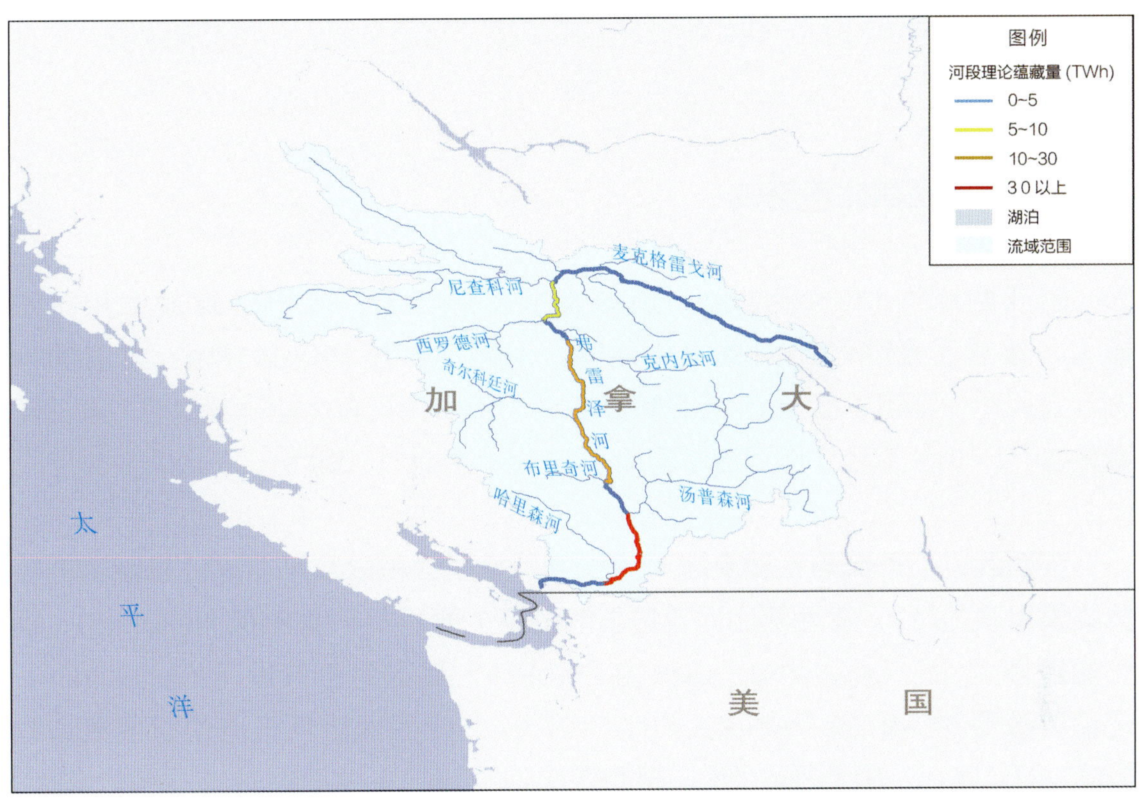

图 1-11　弗雷泽河主要河流理论蕴藏量分布示意图

从流域河段看，弗雷泽河流域具有丰富水能资源的河段位于干流下游的利顿（Lytton）至奇利瓦克（Chilliwack），河段长约 169km，理论蕴藏量 30.85TWh/a。

表 1-10　弗雷泽河干流与主要支流理论蕴藏量

序号	河流名称	长度（km）	集雨面积（km^2）	理论蕴藏量（TWh/a）
1	弗雷泽河干流（Fraser）	1261	227085	85.61
2	麦克格雷戈河（Mcgregor）	142	6149	1.78
3	尼查科河（Nechako）	559	42775	12.78
4	西罗德河（West Road）	239	11941	4.72
5	奇尔科廷河（Chilcotin）	293	20295	8.53
6	布里奇河（Bridge）	171	4722	7.16
7	哈里森河（Harrison）	295	8506	8.17
8	克内尔河（Quesnel）	243	10762	7.05
9	汤普森河（Thompson）	490	55623	20.37
10	其他	—	—	21.45
弗雷泽河总计		—	—	177.61

弗雷泽河流域的主要国家有加拿大和美国，超过 99% 的水能蕴藏量分布在加拿大。

1.2.6.3 密西西比河流域

密西西比河（Mississippi）流域水能资源丰富。基于基础数据和算法模型，建立了密西西比河数字化河网，河网总长度 238941km，覆盖面积 315 万 km^2，蕴藏总量 508.79TWh/a。分析流域内具有水能开发价值（理论蕴藏量达 5TWh/a 以上）的河流（河段）11 条，共计 1353km。

密西西比河干流与主要支流河流长度、集雨面积以及水能理论蕴藏量的计算结果见表 1-11。密西西比河流域水能资源主要分布于俄亥俄河（Ohio），理论蕴藏量为 150.54TWh/a，占比为 29.59%；其次为密苏里河（Missouri），理论蕴藏量为 146.36TWh/a，占比 28.77%；密西西比河干流理论蕴藏量为 132.15TWh/a，占比 25.97%。密西西比河流域的主要国家有美国和加拿大，超过 99% 的水能蕴藏量分布在美国。

表 1-11　密西西比河干流与主要支流理论蕴藏量

序号	河流名称	长度（km）	集雨面积（km^2）	理论蕴藏量（TWh/a）
1	密西西比河干流（Mississippi）	3124	3147540	132.15
2	密苏里河（Missouri）	3589	1319010	146.36
3	俄亥俄河（Ohio）	1983	515255	150.54
4	阿肯色河（Arkansas）	2492	418717	30.79
5	雷德河（Mulde）	1938	235525	10.05
6	其他	—	—	38.91
密西西比河总计		—	—	508.79

1.2.6.4 科罗拉多河流域

科罗拉多河（Colorado）流域水能资源丰富。基于基础数据和算法模型，建立了科罗拉多河数字化河网，河网总长度 64308km，覆盖面积 63 万 km^2，蕴藏总量 112.61TWh/a。分析流域内具有水能开发价值（理论蕴藏量达 5TWh/a 以上）的河流（河段）4 条，共计 810km。

科罗拉多河干流与主要支流河流长度、集雨面积以及水能理论蕴藏量的计算结果见表 1-12。科罗拉多河流域水能资源主要分布于其干流，理论蕴藏量为 65.42TWh/a，占比为 58.10%；其次为格林河（Green），理论蕴藏量为 18.77TWh/a，占比 16.67%。科罗拉多河流域的主要国家有美国和墨西哥，超过 95% 的水能蕴藏量分布在美国。

表 1-12 科罗拉多河干流与主要支流理论蕴藏量

序号	河流名称	长度（km）	集雨面积（km^2）	理论蕴藏量（TWh/a）
1	科罗拉多河干流（Colorado）	2330	626805	65.42
2	格林河（Green River）	1020	116244	18.77
3	圣胡安河（San Juan）	563	66227	11.65
4	小科罗拉多河（Little Colorado）	516	69880	1.04
5	希拉河（Gila）	1051	149619	3.15
6	其他	—	—	12.57
科罗拉多河总计		—	—	112.61

1.2.6.5 格兰德河流域

格兰德河（Grand，墨西哥称北布拉沃河）流域水能资源较好。基于基础数据和算法模型，建立了格兰德河数字化河网，河网总长度 58117km，覆盖面积 54 万 km^2，蕴藏总量 29.02TWh/a。分析流域内具有水能开发价值（理论蕴藏量达 5TWh/a 以上）的河流（河段）1 条，共计 383km。

格兰德河干流与主要支流河流长度、集雨面积以及水能理论蕴藏量的计算结果见表 1-13。格兰德河流域水能资源主要分布于其干流，理论蕴藏量为 19.62TWh/a，占比为 67.62%；其次为孔乔斯河（Conchos），理论蕴藏量为 4.23TWh/a，占比 14.57%。格兰德河流域的主要国家有美国和墨西哥，约 58% 的水能蕴藏量分布在美国。

表 1-13　格兰德河干流与主要支流理论蕴藏量

序号	河流名称	长度（km）	集雨面积（km^2）	理论蕴藏量（TWh/a）
1	格兰德河干流（Grand）	2630	544563	19.62
2	佩科斯河（Pecos）	1203	121295	1.43
3	孔乔斯河（Conchos）	813	68148	4.23
4	萨拉多河（Salado）	583	63109	0.02
5	圣胡安河（San Juan）	595	32914	1.25
6	其他	—	—	2.47
格兰德河总计		—	—	29.02

1.2.6.6　马更些河流域

马更些河（Mackenzie）流域水能资源丰富。基于基础数据和算法模型，建立了马更些河数字化河网，河网总长度 126791km，覆盖面积 175 万 km^2，蕴藏总量 527.16TWh/a。分析流域内具有水能开发价值（理论蕴藏量达 5TWh/a 以上）的河流（河段）22 条，共计 3366km。

马更些河干流与主要支流河流长度、集雨面积以及水能理论蕴藏量的计算结果见表 1-14。马更些河流域水能资源主要分布于其干流，理论蕴藏量为 163.86TWh/a，占比为 31.08%；其次为利亚德河（Liard），理论蕴藏量为 134.06TWh/a，占比 25.43%。马更些河是加拿大境内河流。

表 1-14　马更些河干流与主要支流理论蕴藏量

序号	河流名称	长度（km）	集雨面积（km^2）	理论蕴藏量（TWh/a）
1	马更些河干流（Mackenzie）	4117	1745663	163.86
2	皮斯河（Peace）	1834	307883	114.83
3	阿萨巴斯卡河（Athabasca）	1479	288117	45.01
4	利亚德河（Liard）	1226	270473	134.06
5	皮尔河（Peel）	720	72799	8.78
6	大熊河（Great Bear）	118	156596	5.56
7	其他	—	—	55.06
克鲁萨河总计		—	—	527.16

1.2.6.7 纳尔逊河流域

纳尔逊河（Nelson）流域水能资源丰富。基于基础数据和算法模型，建立了怀塔基河数字化河网，河网总长度 136168km，覆盖面积 112 万 km^2，蕴藏总量 135.51TWh/a。分析流域内具有水能开发价值（理论蕴藏量达 5TWh/a 以上）的河流（河段）4 条，共计 1265km。

纳尔逊河干流与主要支流河流长度、集雨面积以及水能理论蕴藏量的计算结果见表 1-15。纳尔逊河流域水能资源主要分布于其干流，理论蕴藏量为 61.03TWh/a，占比为 45.04%；其次为南萨斯喀彻温河（South Saskatchewan），理论蕴藏量为 32.26TWh/a，占比 23.08%。纳尔逊河流域的主要国家有加拿大和美国，超过 95% 的水能蕴藏量分布在加拿大。

表 1-15　纳尔逊河干流与主要支流理论蕴藏量

序号	河流名称	长度（km）	集雨面积（km^2）	理论蕴藏量（TWh/a）
1	纳尔逊河干流（Nelson）	3070	1123255	61.03
2	北萨斯喀彻温河（North Saskatchewan）	1262	153006	19.76
3	南萨斯喀彻温河（South Saskatchewan）	1636	169890	32.26
4	雷德河（Red）	855	336988	4.65
5	温尼伯河（Winnipeg）	322	132457	12.83
6	其他	—	—	4.98
纳尔逊河总计		—	—	135.51

1.2.6.8 丘吉尔河流域

丘吉尔河（Churchill）流域水能资源较好。基于基础数据和算法模型，建立了丘吉尔河数字化河网，河网总长度 68021km，覆盖面积 26 万 km^2，蕴藏总量 27.86TWh/a。分析流域内具有水能开发价值（理论蕴藏量达 5TWh/a 以上）的河流（河段）1 条，共计 144km。

丘吉尔河干流与主要支流河流长度、集雨面积以及水能理论蕴藏量的计算结果见表 1-16。丘吉尔河流域水能资源主要分布于其干流，理论蕴藏量为

22.31TWh/a，占比为 80.07%；其次为伦迪尔河（Reindeer），理论蕴藏量为 1.53TWh/a，占比 5.49%。丘吉尔河是加拿大境内河流。

表 1-16　丘吉尔河干流与主要支流理论蕴藏量

序号	河流名称	长度（km）	集雨面积（km^2）	理论蕴藏量（TWh/a）
1	丘吉尔干流（Churchill）	1719	259715	22.31
2	比弗河（Beaver）	603	48802	0.51
3	蒙特利尔河（Montreal）	299	20870	0.68
4	伦迪尔河（Reindeer）	682	51345	1.53
5	小丘吉尔河（LittleChurchill）	214	11577	0.31
6	其他	—	—	2.52
丘吉尔河总计		—	—	27.86

1.2.6.9　伊斯特梅恩河流域

伊斯特梅恩河（Eastmain）流域水能资源较好。基于基础数据和算法模型，建立了伊斯特梅恩河数字化河网，河网总长度 13910km，覆盖面积 4.4 万 km^2，蕴藏总量 29.83TWh/a。分析流域内具有水能开发价值（理论蕴藏量达 5TWh/a 以上）的河流（河段）1 条，共计 137km。

伊斯特梅恩河干流与主要支流河流长度、集雨面积以及水能理论蕴藏量的计算结果见表 1-17。伊斯特梅恩河流域水能资源主要分布于其干流，理论蕴藏量为 24.07TWh/a，占比为 80.69%；其次为乌提坎尼斯特瓦河（Utikanistikw），理论蕴藏量为 1.89TWh/a，占比 6.35%。伊斯特梅恩河是加拿大境内河流。

表 1-17 伊斯特梅恩河干流与主要支流理论蕴藏量

序号	河流名称	长度(km)	集雨面积(km^2)	理论蕴藏量(TWh/a)
1	伊斯特梅恩干流(Eastmain)	841	44461	24.07
2	蒂切加米河(Tichégami)	205	3732	1.12
3	考瓦茨塔考河(Cauouatstacau)	179	3558	0.70
4	乌提坎尼斯特瓦河(Utikanistikw)	283	11049	1.89
5	奥皮纳卡(Opinaca)	136	2355	0.40
6	其他	—	—	1.65
伊斯特梅恩河总计		—	—	29.83

1.2.6.10 鲁珀特河流域

鲁珀特河(Rupert)流域水能资源较好。基于基础数据和算法模型，建立了鲁珀特河数字化河网，河网总长度 14240km，覆盖面积 4.5 万 km^2，蕴藏总量 24.36TWh/a。分析流域内具有水能开发价值(理论蕴藏量达 5TWh/a 以上)的河流(河段)1 条，共计 93km。

鲁珀特河干流与主要支流河流长度、集雨面积以及水能理论蕴藏量的计算结果见表 1-18。鲁珀特河流域水能资源主要分布于其干流，理论蕴藏量为 21.08TWh/a，占比为 86.51%；其次为拉马尔特河(La Marte)，理论蕴藏量为 0.61TWh/a，占比 2.52%。鲁珀特河是加拿大境内河流。

表 1-18 鲁珀特河干流与主要支流理论蕴藏量

序号	河流名称	长度(km)	集雨面积(km^2)	理论蕴藏量(TWh/a)
1	鲁珀特河干流(Rupert)	608	45030	21.08
2	莱马雷河(Lemare)	118	1213	0.11
3	橡皮河(Caouachigamau)	123	2160	0.36
4	沙利福尔河(Chalifour)	174	3352	0.14
5	米斯塔西尼(Mistassini)	163	4171	0.57
6	拉马尔特河(La Marte)	241	5071	0.61
7	科蒙河(Caumount)	135	1950	0.15
8	其他	—	—	1.34
鲁珀特河总计		—	—	24.36

1.2.6.11 诺特韦河流域

诺特韦河（Nottaway）流域水能资源较好。基于基础数据和算法模型，建立了诺特韦河数字化河网，河网总长度 22333km，覆盖面积 6.6 万 km^2，蕴藏总量 30.39TWh/a。分析流域内具有水能开发价值（理论蕴藏量达 5TWh/aw 以上）的河流（河段）1 条，共计 123km。

诺特韦河干流与主要支流河流长度、集雨面积以及水能理论蕴藏量的计算结果见表 1-19。诺特韦河流域水能资源主要分布于其干流，理论蕴藏量为 24.67TWh/a，占比为 81.16%；其次为瓦斯瓦尼皮河（Waswanipi），理论蕴藏量为 4.77TWh/a，占比 15.70%。诺特韦河是加拿大境内河流。

表 1-19　诺特韦河干流与主要支流理论蕴藏量

序号	河流名称	长度（km）	集雨面积（km^2）	理论蕴藏量（TWh/a）
1	诺特韦干流（Nottaway）	225	65675	24.67
2	森特尔河（Senneterre）	128	2054	0.05
3	多拉尔河（Dollard）	123	1413	0.03
4	卡尼塔维格米特克河（Kânitawigamitek）	194	3604	0.12
5	北加马河（Kitchigama）	243	3218	0.70
6	瓦斯瓦尼皮河（Waswanipi）	365	32481	4.77
7	其他	—	—	0.05
诺特韦河总计		—	—	30.39

1.3 基地开发

1.3.1 开发现状

北美洲水电开发比例较高，近年来装机缓慢增长，2018 年总装机容量达到 196.5GW，北美洲历年水电总装机容量见图 1-12（a）[1]。其中，美国、加拿大和墨西哥水电装机容量分别为 102847、81004MW 和 12642MW，发电量分别为 296874、382130GWh 和 31848GWh。美国和加拿大水电装机中，分别有 19104MW 和 174MW 为抽水蓄能电站，具体情况见表 1-20[2]。图 1-12（b）给出了北美洲主要国家历年水电装机容量，由图可知，从 2010—2018 年，加拿大和美国水电装机容量稳步增长。美国大型的水电站有大古力（Grand Coulee）水电站，装机容量 6809MW；加拿大大型的水电站有罗伯特—布拉萨（Robert-Bourassa）水电站，装机容量 5616MW。

根据 IRENA 统计，2010—2018 年，北美洲大水电加权平均的初投资水平有所上涨，从 1900 美元 /kW 升至 2800 美元 /kW。北美洲水电加权平均的度电成本在 8~9 美分 / kWh[3]，是北美洲国家重要的电力供应方式。

表 1-20　2018 年北美洲主要国家水电开发情况

国家	水电装机容量（MW）	水电发电量（GWh）
美国	102847（含抽蓄 19104MW）	296874
加拿大	81004（含抽蓄 174MW）	382130
墨西哥	12642	31848

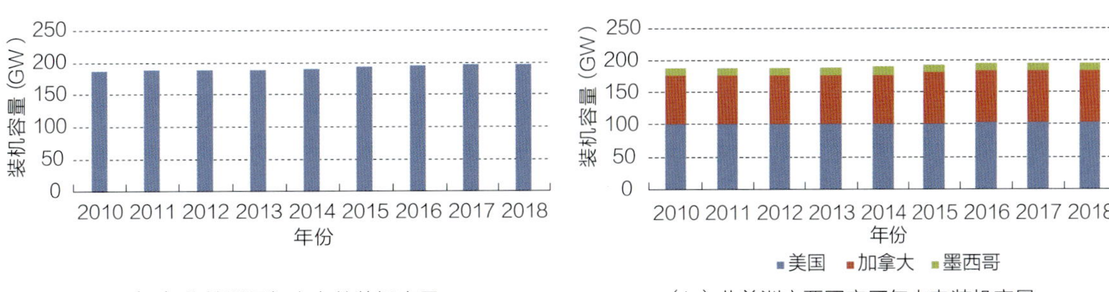

（a）北美洲历年水电总装机容量　（b）北美洲主要国家历年水电装机容量

图 1-12　北美洲水电装机容量

[1] 资料来源：International Renewable Energy Agency. Renewable capacity statistics 2019[R]. Abu Dhabi: IRENA, 2019.

[2] 资料来源：彭博社．全球装机和发电量统计 [EB/OL]，2020-02-24.

[3] 资料来源：International Renewable Energy Agency. Renewable Power Cost in 2018[R]. Abu Dhabi: IRENA, 2019.

1.3.2 纳尔逊河干流水电开发方案研究

北美洲水电开发历史悠久，开发比例较高，形成了哥伦比亚河梯级水电站群、拉格朗德河（La Grande）梯级水电站群等著名的水电基地。综合考虑资源特性、开发条件以及生态保护等因素，基于数字化平台对纳尔逊河流域开展了梯级开发方案研究，提出了水能资源富集的待开发河段的梯级布置方案，并以科纳沃帕（Conawapa）水电站为例完成了主要大型水电项目的选址研究。纳尔逊河水电基地布局示意图如图 1-13 所示。

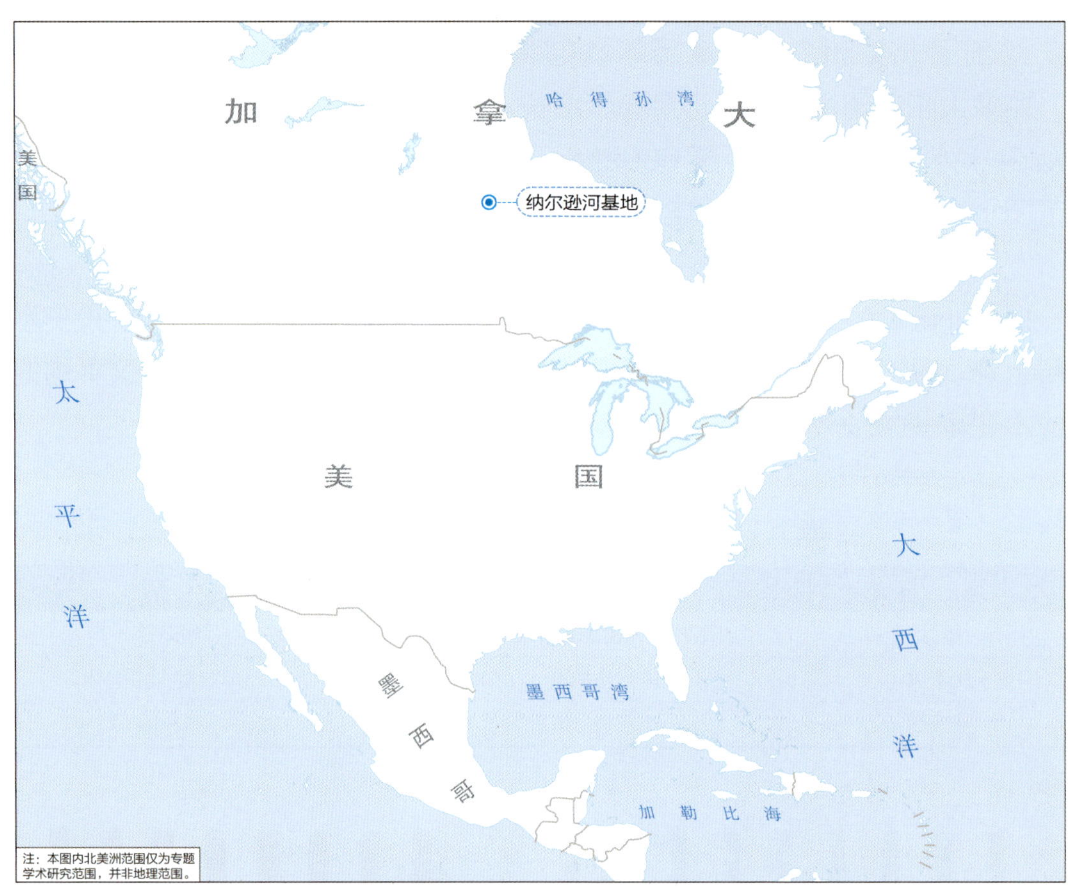

图 1-13　纳尔逊河水电基地总体布局示意图

纳尔逊河（Nelson）位于加拿大马尼托巴省（Manitoba）北部，纳尔逊河—萨斯喀彻温河（Saskatchewan）水系形成的流域横亘加拿大中南数省，流域腹地是著名的加拿大草原三省，即艾伯塔省（Alberta）、萨斯喀彻温省和马尼托巴省。纳尔逊河源出温尼伯湖（Winnipeg），向北流经数个湖泊到达斯普利特湖（Split），然后折向东北方向最终注入哈得孙湾（Hudson），这也是整个纳尔逊河—萨斯喀彻温河水系的入海水道。

根据数字化平台测算，纳尔逊河流域集雨面积 1123255km^2，干流自温尼伯湖以下长约 659km，落差 209m，河道平均比降约 0.32‰。

1.3.2.1 重点河段分析

纳尔逊河流量较大，水深流急，其河道中分布着许多急流险滩，水能资源丰富。加拿大自 20 世纪中叶开始开发纳尔逊河水能资源，并于 20 世纪 70 年代兴建丘吉尔河—纳尔逊河调水工程，将丘吉尔河部分流量引入纳尔逊河，集中开发纳尔逊河下游的水能资源。目前，纳尔逊河干流已建成 5 座梯级电站：温尼伯湖出口以北约 90km 处建有詹佩格水电站（Jenpeg），斯普利特湖上游约 10km 处建有凯尔西梯级（Kelsey），在凯尔西坝址东北约 120km 的凯特尔急流及以下河段依次建有壶滩水电站（Kettle Rapids）、长云杉水电站（Long Spruce）、石灰岩水电站（Limestone）三座梯级电站。综上分析，报告重点研究纳尔逊河尚未开发且资源与开发条件较好的河段，以充分利用纳尔逊河的水能资源。

1.3.2.2 梯级布置方案

纳尔逊河上游位于加拿大高平原地区，下游是哈得孙湾低地。综合地形条件和已开发电站，可在詹佩格坝址下游约 30km 处的布拉德急流处设置布拉德梯级（Bladder），正常蓄水位 204m，利用落差 14m。在凯尔西坝址下游可布置两座首尾相接的电站上格尔（UpperGull）和下格尔（LowerGull），正常蓄水位分别为 182m 和 165m，利用落差分别为 16m 和 10m。在石灰岩水电站下游可设置科纳沃帕梯级（Conawapa），与石灰岩水电站厂址水位相接，正常蓄水位 54m，利用落差 26m。在纳尔逊河江心岛吉勒姆岛（Gillam Island）附近可布置吉勒姆岛梯级，与科纳沃帕首尾相接，正常蓄水位 28m，利用落差 18m。

综上分析，结合河段地形地质条件、水能资源利用等情况，纳尔逊河干流河段采用 10 级开发（含 5 个已建电站），其中待开发电站 5 座。待开发电站共计利用落差 84m，总装机容量 4025MW，年发电量 17256GWh。5 个待开发梯级的位置如图 1-14 所示，河段梯级纵剖面如图 1-15 所示，主要技术指标测算结果详见表 1-21。

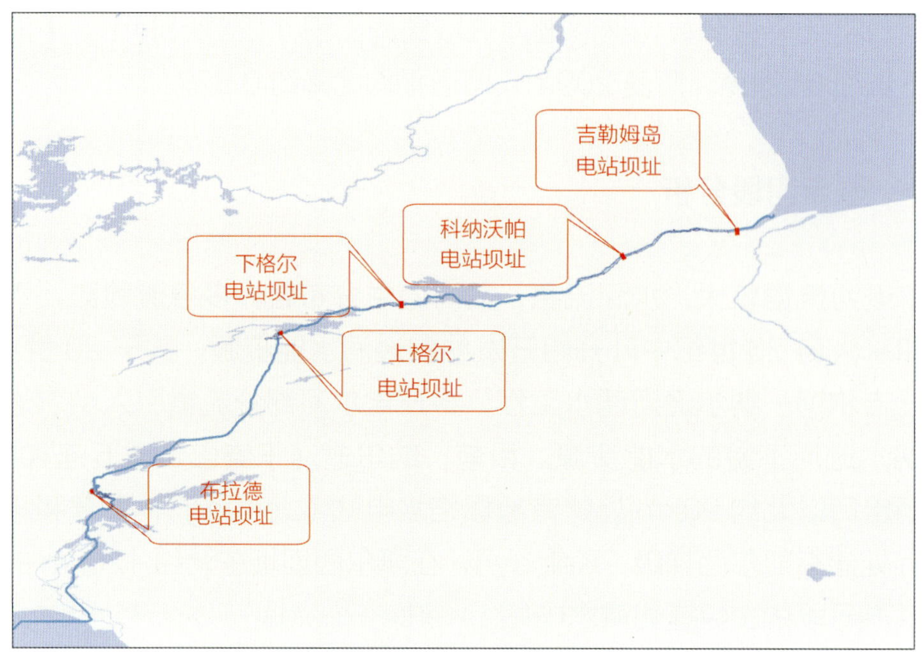

图 1-14 纳尔逊河干流河段待开发梯级位置示意图

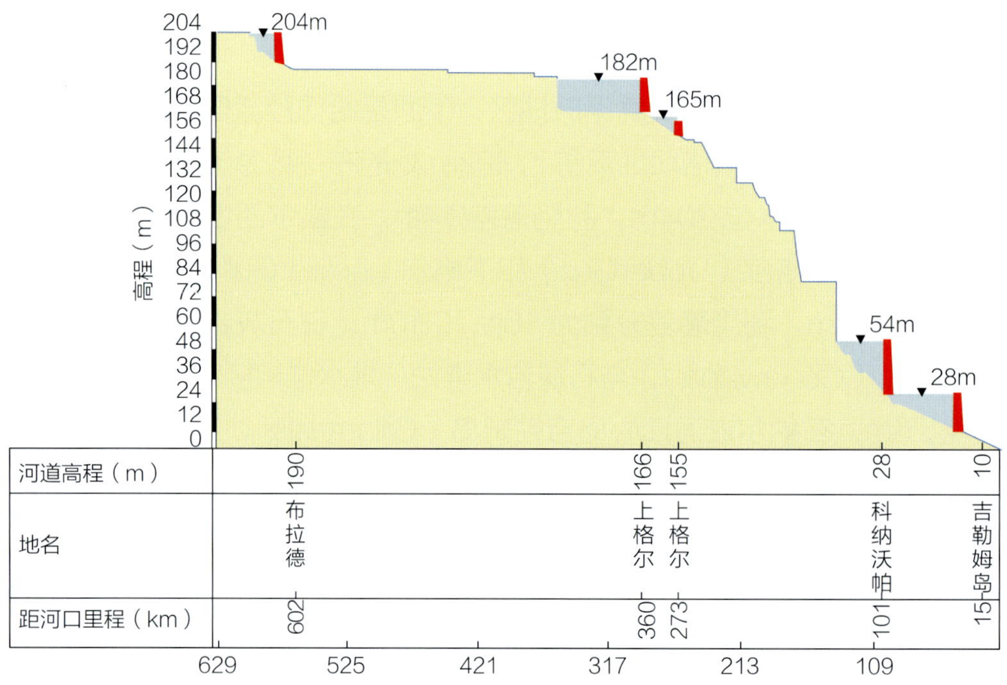

图 1-15 纳尔逊河干流河段待开发梯级纵剖面图

表 1-21 纳尔逊河干流研究河段梯级开发方案主要技术指标

项目		纳尔逊河干流研究河段				
		Bladder	UpperGull	LowerGull	Conawapa	Gillam Island
		布拉德	上格尔	下格尔	科纳沃帕	吉勒姆岛
坝址控制流域面积（km^2）		952122	1023879	1084759	1113427	1122848
坝址多年平均流量（m^3/s）		2253.50	2826.03	3368.99	3486.90	3518.15
开发方式		坝式	坝式	坝式	坝式	坝式
初估坝长（km）		1.15	0.96	1.90	1.54	1.69
正常蓄水位（m）		204	182	165	54	28
死水位（m）		202	180	164	52	26
坝址水面高程（m）		190	166	155	28	10
坝壅水高（m）		14	16	10	26	18
厂址水面高程（m）		190	166	155	28	10
利用落差（m）		14	16	10	26	18
正常蓄水位以下库容（万 m^3）		53560	40009	31576	142338	181122
调节库容（万 m^3）		10862	7853	5758	21599	38320
调节能力		日调节	日调节	无调节	日调节	日调节
发电引用流量（m^3/s）		5012.53	5585.39	6902.86	7017.54	7518.8
引水线路（km）		—	—	—	—	—
装机容量（MW）		500	650	475	1400	1000
年发电量（GWh）	单独	2011	2920	1990	6179	4156
	联合	2011	2920	1990	6179	4156
枯期平均出力（MW）	单独	159.6	225.6	153.7	477.3	321
	联合	159.6	225.6	153.7	477.3	321
装机利用小时数	单独	4022	4492	4189	4413	4156
	联合	4022	4492	4189	4413	4156

待开发的 5 个梯级电站中，科纳沃帕梯级装机规模较大，技术指标较好，具备集中开发利用的资源条件。本报告采用数字平台重点研究并提出了科纳沃帕电站的初步开发方案。

1.3.2.3 科纳沃帕开发方案

基于数字化水电宏观选址方法，全面收集电站附近区域的建站制约性因素基础数据，经过对比分析，提出了科纳沃帕水电站的初步开发方案。

1. 建设条件

科纳沃帕水电站位于加拿大中部的纳尔逊河上，坝址距马尼托巴省首府温尼伯市约 800km。水库区属于哈得孙湾低地，两岸无大型崩塌、滑坡等不良地质体分布，地面覆盖物以树林和灌丛为主，具备建库条件，库区内无村庄等人工建筑物，库区主要地面覆盖物分布如图 1-16 所示。库区面积约 39km^2，涉及淹没的树林、灌丛等地面覆盖物约 11km^2。水库区域无自然保护区，距离最近的自然生态系统类保护区约 56km，如图 1-17 所示。

厂址西南约 65km 处有吉勒姆镇，库区范围内人烟稀少，淹没基本不会对人口分布造成影响。

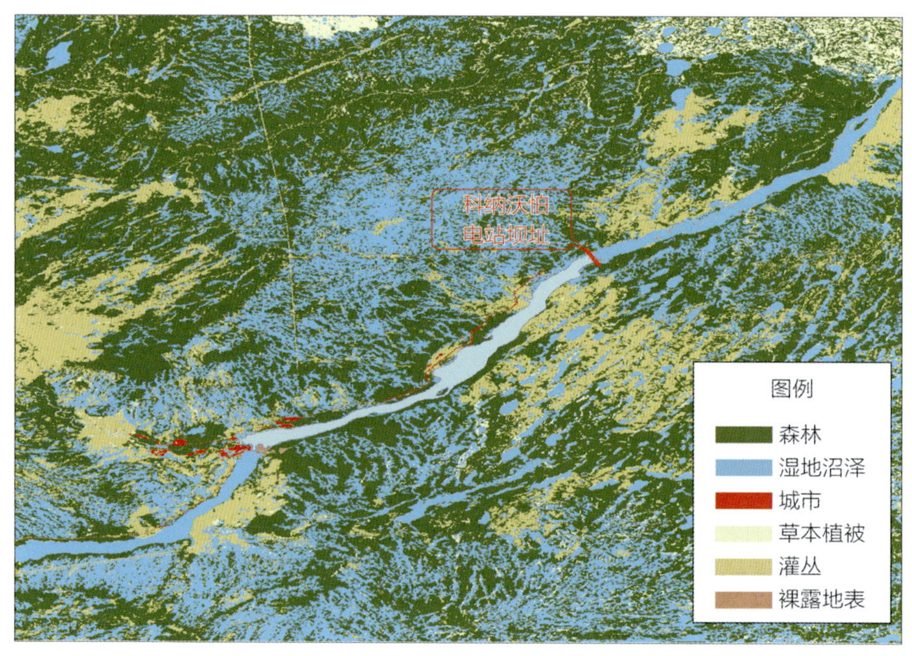

图 1-16 科纳沃帕水电站库区主要地面覆盖物分布情况示意图

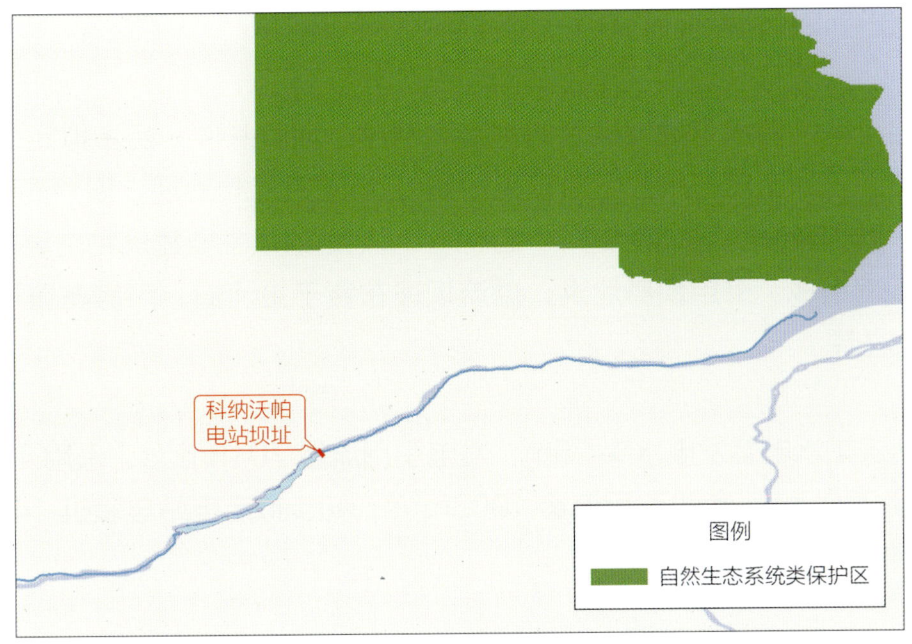

图 1–17　科纳沃帕水电站周边主要保护区分布示意图

科纳沃帕水电站坝址及库区主要岩层分布如图 1–18 所示，周边范围内碳酸盐沉积岩主要发育。坝址所在位置基岩为石灰岩层和部分冻土层。为解决建坝后可能带来的冻土融解、地表沉陷等问题，可考虑采取适当挖出一部分冻土、预留一定沉陷超高、设置砂井以排出冻土层融水等措施。

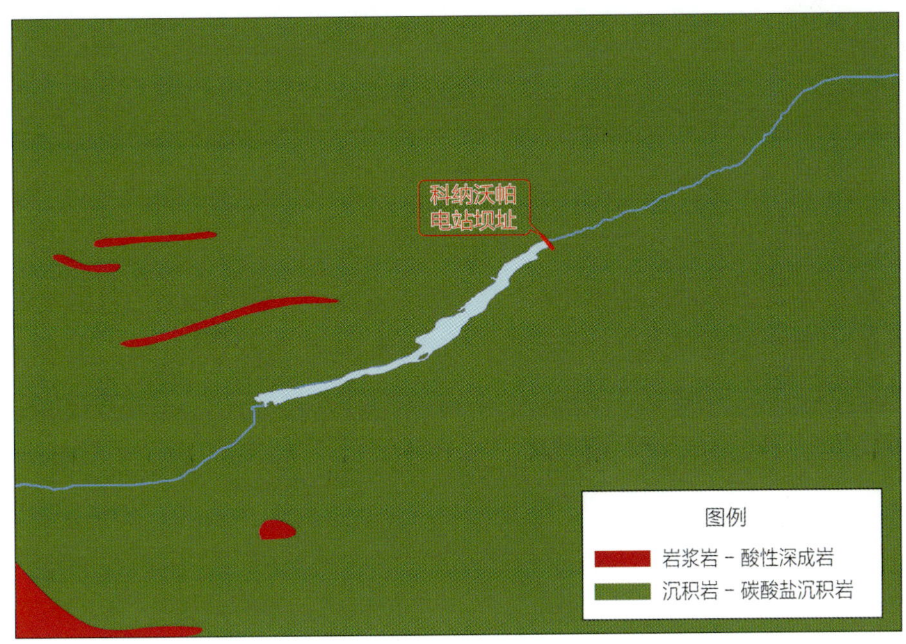

图 1–18　科纳沃帕水电站周边主要岩层分布示意图

2. 工程设想与投资估算

根据科纳沃帕水电站坝址区的水文、地形、地质条件，初步拟定采用坝式开发方案。电站正常蓄水位 54m，挡水建筑物采用混凝土坝，坝顶高程 56m，坝轴线总长 1540m，总库容约 14 亿 m^3。水电站枢纽主要建筑物由混凝土坝和坝后式厂房组成。采用坝身泄洪，溢流坝段布置于主河道，厂房布置于地形相对平坦的左岸。

科纳沃帕水电站发电水头 25m，发电引用流量 7018m^3/s。采用 7 台机组，单机容量 200MW，单机引用流量 1003m^3/s，初步拟定电站总装机 1400MW。工程三维效果图如图 1-19 所示。

图 1-19　科纳沃帕水电站工程三维效果示意图

经测算，科纳沃帕水电站年发电量 6.2TWh，估算总投资约 54 亿美元，其中机电设备投资约 10 亿美元。参照北美洲水电工程建设工期、财务参数（具体可参见本报告 1.1.3 节有关内容），结合项目技术指标，测算其综合度电成本 5.73 美分 / kWh，项目经济性较好。

2 风能资源评估与开发

北美洲风能资源较好，开发潜力较大。本报告对北美洲进行了评估，测算得出风能资源理论蕴藏总量可达 487.7PWh/a，适宜集中式开发的装机规模约 15.4TW，主要集中在美国中部和南部、加拿大东部地区，年发电量 40.2PWh，现有风电装机不足技术可开发量的 1%。综合考虑资源特性和开发条件，采用数字化平台，开展了美国马丁、加拿大克亚诺等 13 个大型风电基地的选址方案研究，提出了主要技术和经济性指标，总装机规模 148GW。

2.1 方法与数据

风能是空气流动所产生的动能，是太阳能的一种转化形式。由于太阳辐射造成地球表面各部分受热不均匀，引起大气层中压力分布不平衡，在水平气压梯度作用下，空气沿水平方向运动形成风。风资源评估基础数据主要包括资源类数据、地理信息类数据以及人类活动和经济性资料等。

本报告选用理论蕴藏量、技术可开发量和经济可开发量 3 个指标开展风能资源的评估测算。

2.1.1 资源评估方法

风能资源理论蕴藏量是指评估区域内一定高度上可利用风的总动能，单位为 kWh。数字化评估风能资源理论蕴藏量，可将评估转化为计算每个格点面积与该格点对应风功率密度乘积的累加。

风电技术可开发量是指在评估年份技术水平下可以进行开发的装机容量总和，单位为千瓦。评估分析主要包括可用面积计算、装机面积计算、装机密度计算 3 个关键环节，分析流程如图 2-1 所示。

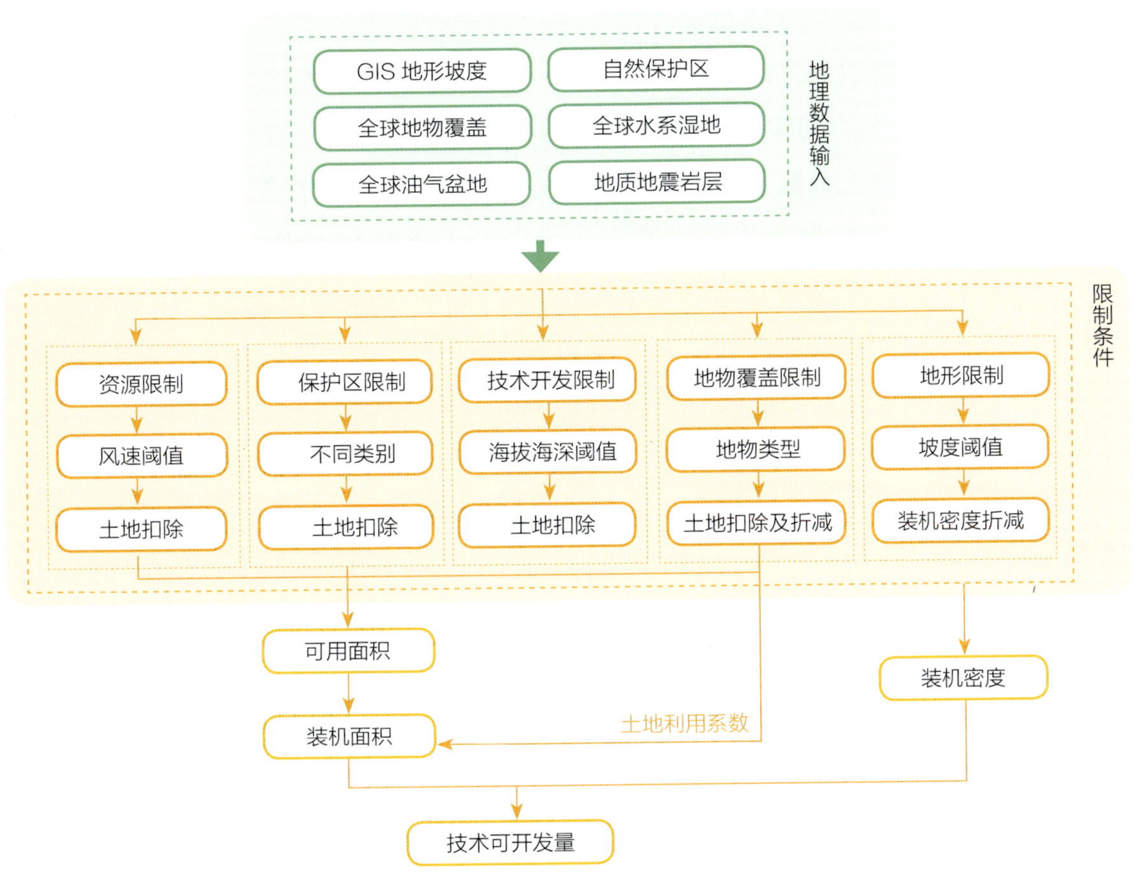

图 2-1 风电技术可开发量评估流程

具体的，技术可开发量评估的关键在于剔除因地形、海拔、土地利用及风速资源等限制而产生的不可利用面积。一方面，扣除选定区域内不宜开发的土地，得到风电开发可利用面积，结合不同地物类型设定土地利用系数，进而得到有效装机面积；另一方面，在典型风资源条件下，测算平坦地表单位面积的装机容量，结合目前不同地形坡度下风电工程实际情况，确定相应的装机密度影响因子，计算每个格点的有效装机面积与单位面积装机容量、装机密度影响因子的乘积并累加得到区域的风电技术可开发量。

根据风能资源禀赋，通常采用年均风速作为技术指标、结合当前技术条件下的风机发电出力特性进行机组选型，采用逐小时风速数据开展计算与统计，按照选定的风机功率曲线，考虑风机效率、切入、切出风速影响等，计算得到年发电量。

风能资源经济可开发量是指在评估年份技术水平下，开发风电的度电成本低于受电地区可承受电力价格的总装机容量，单位为千瓦。本报告采用平准化度电成本法，建立了一种适用于清洁能源资源经济可开发量的计算模型，通过选定待评估地区、确定技术参数、确定成本参数、确定财务参数、确定政策参数、计算度电成本、经济性判断和结果计算等 8 个主要流程实现风能资源经济可开发量评估，其基本框架如图 2-2 所示。具体的，将每个地理格点视为一个计算单元，计算每个格点的度电成本并与给出的综合参考电价进行对比，将具有经济性的格点容量按照地域面积进行累加，即可得到该区域的风电经济可开发量。

风能资源开发经济性分析中，基地的建设投资除设备成本、建设成本（不含场外道路）、运维成本等外，还需要重点计算并网成本和场外交通成本。

并网成本是指将开发的清洁能源发电资源接入电网所需新增建设电网设施的费用。一般清洁能源基地工程多建设在远离城镇等人口密集的地区，需要修建更长的并网工程，增加了开发投资成本。并网主要受格点风电接网与消纳方式影响，需要开展针对性测算。对于本地消纳的风电，其并网成本是风电厂到最近电网接入点的输电成本，与接入电压等级和距离有关，多采用交流输电方式，输电成本包括受端变电站和输电线路。对于需要远距离外送消纳的风电，其并网成本是风电厂到本地电力汇集站以及远距离外送工程的输电成本之和。外送工程多采用直流输电方式，输电距离不同，输电成本也不同，成本包括送受端换流站和直流线路成本。清洁能源并网成本测算构成如图 2-3 所示。不同规模、不同距离的电源并网需要采用不同输电方式和电压等级，相应的成本水平差异较大。本报告基于中国工程经验，提出了不同输电方式、电压等级的不同并网成本因子，结合待评估格点的最短并网距离，量化测算了并网条件对不同区域清洁能源资源开发成本的影响。

场外交通成本是指为开发清洁能源发电资源而新增建设从现有交通设施路网（包括公路、铁路等）到资源地的交通设施费用。本报告主要考虑公路交通设施。一般大型清洁能源发电基地与现有公路之间有一定距离，需要修建必要的场外引接公路才能满足工程建设需要，这部分增加的建设成本应计入资源的开发总成本。本报告采用了交通成本因子法，基于覆盖全球的公路路网数据，计算待开发格点到最近外部运输道路的长度，即最短公路运距，综合山地、平原等不同地形条件下场外运输道路的平均单位里程成本，可以量化测算场外交通对开发成本的影响。

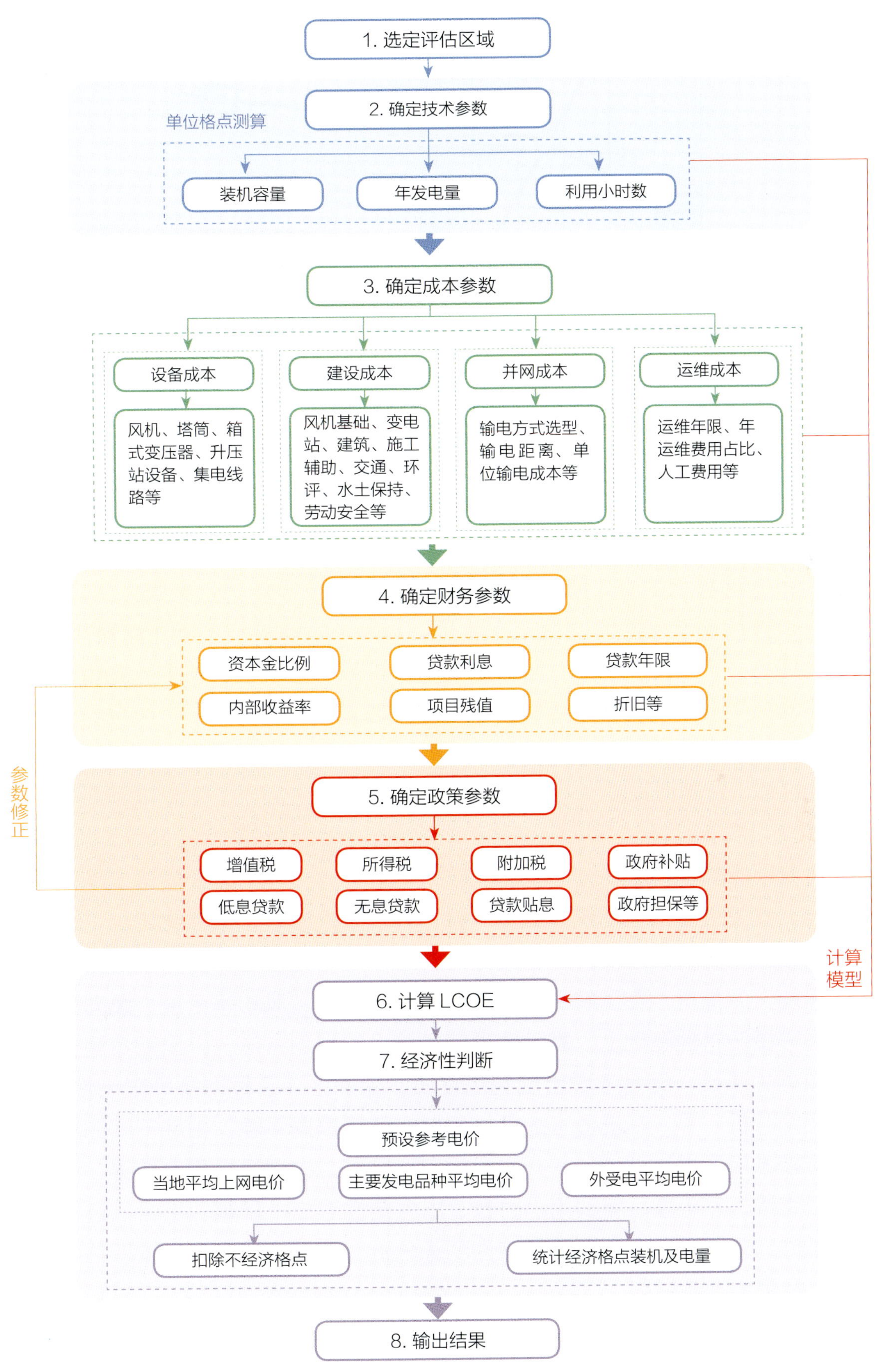

图 2-2　基于平准化度电成本的经济可开发量评估流程

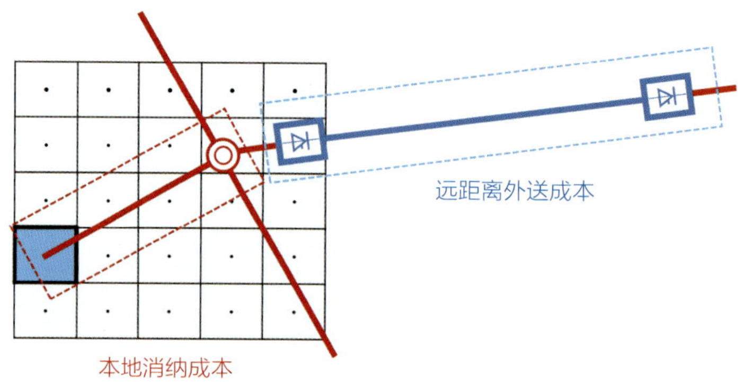

图 2-3 风电开发并网成本构成示意图

2.1.2 宏观选址方法

风电场选址研究应贯彻资源保护、统一规划、综合利用、科学开发的原则。开展风电场规划选址时，需充分了解区域内风能资源状况，掌握风速、风向、风能密度等风能资源的时间与空间分布，初步确定适宜建站的资源富集地区。然后再详细考虑限制性因素，陆上风电场选址应规避森林、耕地、城市等不适宜集中式风电开发的地面覆盖物、保护区、地震高发区等，海上风电场选址应规避港口、航线、保护区、深海等，选取没有或较少限制性因素、工程建设条件好的区域进行基地开发。

风电场的数字化宏观选址流程示意图如图 2-4 所示，基于覆盖全球范围基础数据，其关键流程包括资源储量计算、开发条件分析、数字化选址、设备排布、发电量估算、投资估算等。具体的，对于风电场选址，首先分析拟开发区域的风能资源情况，在了解平均风速、风速年变化、风功率密度、风向和风能玫瑰图等资源特性基础上，基于地理信息技术的规划方法，以风能资源数据和地理数据为基础，综合考虑土地利用性质、保护区、工程地质等限制性因素，利用空间分析工具，筛选适宜的开发用地。随后根据平原、山地不同的用地类型进行技术可开发量评估，并开展风机自动排布，根据风机排布结果，计算电场装机容量、发电量、年利用小时数、出力特性等技术参数。结合初选场址的并网条件、外部交通条件开展经济性测算分析，获得经济可开发量评估、匡算投资以及平均度电成本。

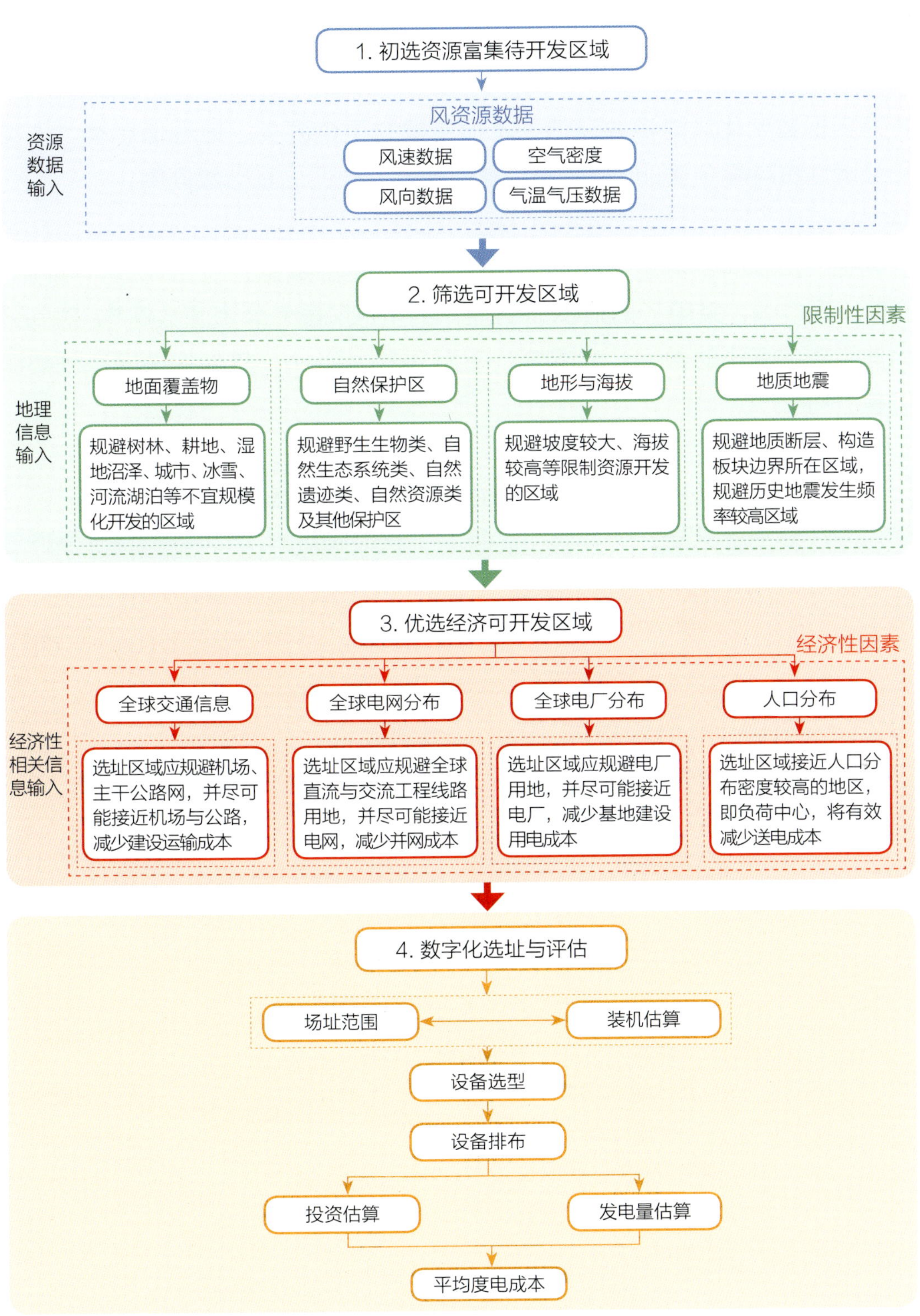

图 2-4 风电场宏观选址流程示意图

2.1.3 基础数据与参数

2.1.3.1 基础数据

为实现数字化风能资源评估，本报告建立了资源类、地理信息类、人类活动和经济性资料等 3 类 16 项覆盖全球范围的资源评估基础数据库。

其中，资源类数据主要包括全球中尺度风资源数据，包含风速、风向、空气密度、温度等，采用了Vortex计算生产的全球风能气象资源数据[1]，时间分辨率为典型年的逐小时数据，空间分辨率为 9km×9km，其他的关键基础数据介绍见表 2-1。

表 2-1 全球风能资源和地理信息基础数据

序号	数据名称	空间分辨率	数据类型
1	全球中尺度风资源数据	9km×9km	栅格数据
2	全球地面覆盖物分类信息	30m×30m	栅格数据
3	全球主要保护区分布	—	矢量数据
4	全球主要水库分布	—	矢量数据
5	全球湖泊和湿地分布	1km×1km	栅格数据
6	全球主要断层分布	—	矢量数据
7	全球板块边界分布 空间范围：南纬 66°—北纬 87°	—	矢量数据
8	全球历史地震频度分布	5km×5km	栅格数据
9	全球主要岩层分布	—	矢量数据
10	全球地形卫星图片	0.5m×0.5m	栅格数据
11	全球地理高程数据 空间范围：南纬 83°—北纬 83° 间陆地	30m×30m	栅格数据
12	全球海洋边界数据	—	矢量数据
13	全球人口分布	900m×900m	栅格数据
14	全球交通基础设施分布	—	矢量数据
15	全球电网地理接线图	—	矢量数据
16	全球电厂信息及地理分布	—	矢量数据

注：2~16 项数据同表 1-1。

[1] 资料来源：Vortex ERA5downscaling:validation results，2017 November.
Vortex System Technical Description，2017 January.

2.1.3.2 计算参数

本报告重点关注并评估北美洲范围内适宜集中式开发的风能资源，将低风速区域、保护区、森林、耕地、城市和深海、远海等区域作为不适宜集中式开发的区域排除在外；同时，本报告也结合部分北美洲国家的实际情况，评估了合理利用森林、耕地等区域进行分散式风电开发的资源潜力。

专栏 2-1 风电的集中式和分散式开发

在风资源条件好、人口密度低、地面粗糙度小的地区，大面积连片开发风电资源，集中接入电网，工程的建设、运维集约化、效率高，可以显著减低工程投资，获得大规模清洁电力，有利于加快能源清洁转型。作为大型电力基础设施，集中开发的大型风电场建设要求高，对土地资源利用有较严格的要求，不能占用各类自然保护区、文物和风景名胜区、林地和耕地等，一般选址在草原和荒漠，或风资源条件优越的山地，开发场景如图专栏 2-1 图 1 所示。中国从 2005 年开始，采用大规模集中开发的方式在北部、西北部风资源富集地区加速风电开发，并快速建立和完善了风电设计、制造、建设和运维产业链，风电成本快速下降。

专栏 2-1 图 1 集中式风电开发场景

分散式风电，一般位于用电负荷附近，利用工业园区的开阔地带，或者利用农田、山地、林地等特殊微地形条件产生的散落分布的低风速资源。分散式风电不以大规模、远距离输送电力为目的，产生的清洁电力就近接入当地电网消纳，开发场景如图专栏 2-1 图 2 所示。准确、高效的资源评估是分散式风电开发的基本要求，照搬集中式风电场的评估办法成本高昂，建立测风塔耗时长。经过多年的实践，中国分散式风电开发已经基本形成了一套集成了中尺度数值模拟、小尺度数值模式计算、邻近区域测风塔数据或激光测风雷达数据校核的系统性方法。2015 年开始，中国采取了“集中”和“分散”并举的策略[1]，因地制宜开发中东部地区的低风速风电资源，预计到 2020 年规模将超过 20GW。

专栏 2-1 图 2　分散式风电开发场景

[1] 资料来源：2016 年 11 月国家发展改革委、国家能源局下发《电力发展“十三五”规划》。

1. 技术指标测算参数

结合工程建设实践，一般认为年均风速低于 5m/s 的地区，资源开发效率较低、经济性较差，不宜进行集中式风电开发。海拔超过 4000m 的高原，一方面空气稀薄风功率密度下降，同时多有冰川分布，建设难度大，严重影响自然环境；海深超过 150m 的海域，需要采用漂浮式风电基础，离岸超过 200 海里的远海区域，开发的风电电力需要长距离海底电力电缆输电，在目前技术水平下开发难度大、经济性差，不推荐进行集中式开发。野生生物、自然环境、风景名胜等各类保护区，森林、耕地、湿地沼泽、城市、冰雪等地面覆盖物类型的区域不宜集中式开发。对于适宜集中式开发的灌丛、草本植被以及裸露地表等 3 种区域类型，结合风力发电技术特点以及当前设备水平，分别设置了土地利用系数。不同地形坡度将显著影响单位土地面积上的装机能力，本报告对 0°~30° 不同坡度条件，设定了坡度利用系数。具体技术指标和参数见表 2-2，按此推荐参数计算得到的结果是评估范围内适宜集中开发的风电技术可装机规模，报告后文也简称为“技术可开发量”。

表 2-2　全球风能资源评估模型采用的主要技术指标和参数

类型	限制因素	阈值	集中式开发参数（%）	分散式开发参数（%）
资源限制	风速	>5m/s（集中式） >4.5m/s（分散式）	—	—
技术开发限制	陆地海拔	＜4000m	—	—
	近海海深	<150m	—	—
保护区限制	自然生态系统	不宜开发	0	0
	野生生物类	不宜开发	0	0
	自然遗迹类	不宜开发	0	0
	自然资源类	不宜开发	0	0
	其他保护区	不宜开发	0	0
地面覆盖物限制	森林	不宜开发	0	10
	耕地	不宜集中式开发	0	25
	湿地沼泽	不宜开发	0	0
	城市	不宜开发	0	0
	冰雪	不宜开发	0	0
	灌丛	适宜开发	80	0
	草本植被	适宜开发	80	0
	裸露地表	适宜开发	100	0

续表

类型	限制因素	阈值	集中式开发参数（%）	分散式开发参数（%）
地形坡度限制	0° ~1.7°	适宜开发	100	100
	1.8° ~3.4°	适宜开发	50	50
	3.5° ~16.7°	适宜开发	30	30
	16.8° ~30°	适宜开发	15	15
	>30°	不宜开发	0	0

结合待评估地区具体情况，调整相关参数亦可得到当前技术水平下分散式可开发风电装机规模。对于耕地，考虑合理利用田间地头位置安装风机，分散式开发的土地利用参数设定为 25%；对于树林，考虑可在树林边缘区域或者利用山地的地形条件合理布置风机，分散式开发的土地利用参数设定为 10%。

2. 经济指标测算参数

研究采用平准化度电成本法建立了一种适用于风能资源经济可开发量的计算模型。为了对未来规划水平年的基地投资水平与开发经济性进行评估，研究综合多元线性回归预测法与基于深度自学习神经元网络算法关联度分析预测法，建立了风电开发投资水平预测模型。结合北美洲发展水平以及风电技术装备、非技术类投资成本的预测结果，提出了 2035 年北美洲风电综合初始投资的组成及其推荐取值，主要包含设备及安装、建筑工程和其他费用 3 个类别，见表 2-3。报告给出了主要的财务参数、场外交通成本、并网成本参数等的推荐取值，见表 2-4～表 2-6。其中，场外交通成本按照中国工程经验，综合山地、平原、一级公路建设费用水平进行测算，并网成本参照中国超高压交流、直流输电工程造价水平进行测算。

表 2-3　北美洲 2035 年陆地和海上风电开发初始投资组成与推荐取值

单位：美元 / kW

序号	投资组成	陆地风电总造价	海上风电总造价
1	设备及安装	633～698	895～986
1.1	设备费	600～661	781～861
1.2	安装费	33～37	114～125
2	建筑工程	184～203	587～647

续表

序号	投资组成	陆地风电总造价	海上风电总造价
3	其他	55～60	66～72
总计		872～961	1548～1705

表 2-4　北美洲 2035 年陆地和海上风电经济性计算的财务参数推荐取值

序号	指标	陆地风电参数	海上风电参数
1	贷款年限	7 年	7 年
2	贷款比例	70%	70%
3	贷款利率	3%	3%
4	贴现率	4%	2%
5	建设年限	1 年	1 年
6	运行年限	20 年	20 年
7	残值比例	0%	0%
8	运维占比	3.6%	7.1%
9	场外交通	800 美元 / km	—

表 2-5　北美洲 2035 年陆地风电开发并网经济性参数推荐取值

交流输电		
电压等级（kV）	输电距离（km）	单位输电成本［美元 /（km · kW）］
1000	500	0.28
745~765（750）	400	0.34
500	300	0.39
380~400（400）	220	0.59
300~330	200	0.65
220	150	1.06
110~161（110）	100	1.37
直流输电		
电压等级（kV）	输电距离（km）	单位输电成本［美元 /（km · kW）］
±800	1500~3000	0.15

表 2-6　北美洲 2035 年海上风电开发并网经济性参数推荐取值

海上交流输电		
电压等级（kV）	输电距离（km）	单位输电成本［美元 /（km · kW）］
220	150	3.33
海上直流输电		
电压等级（kV）	输电距离（km）	单位输电成本［美元 /（km · kW）］
±320	150~400	1.26

2.2 资源评估

风速、地面覆盖物、保护区分布影响区域集中开发利用风能的技术可行性，公路、电网等基础设施条件影响区域风能开发的经济性水平。本报告基于覆盖北美洲的数据、信息，采用统一指标和参数完成了北美洲风能资源评估研究。

2.2.1 风速分布

报告采用 Vortex 公司生产得到的风资源数据开展资源评估测算，资源数据包括：风速、风向、空气密度和温度等。北美洲蕴藏着较大的风能开发潜力，风速分布如图 2-5 所示。美国的东西部沿海地区和中部陆上地区，加拿大东部和北部地区的风资源条件优异，部分地区年平均风速在 6m/s 以上，利于开发大型风电基地。

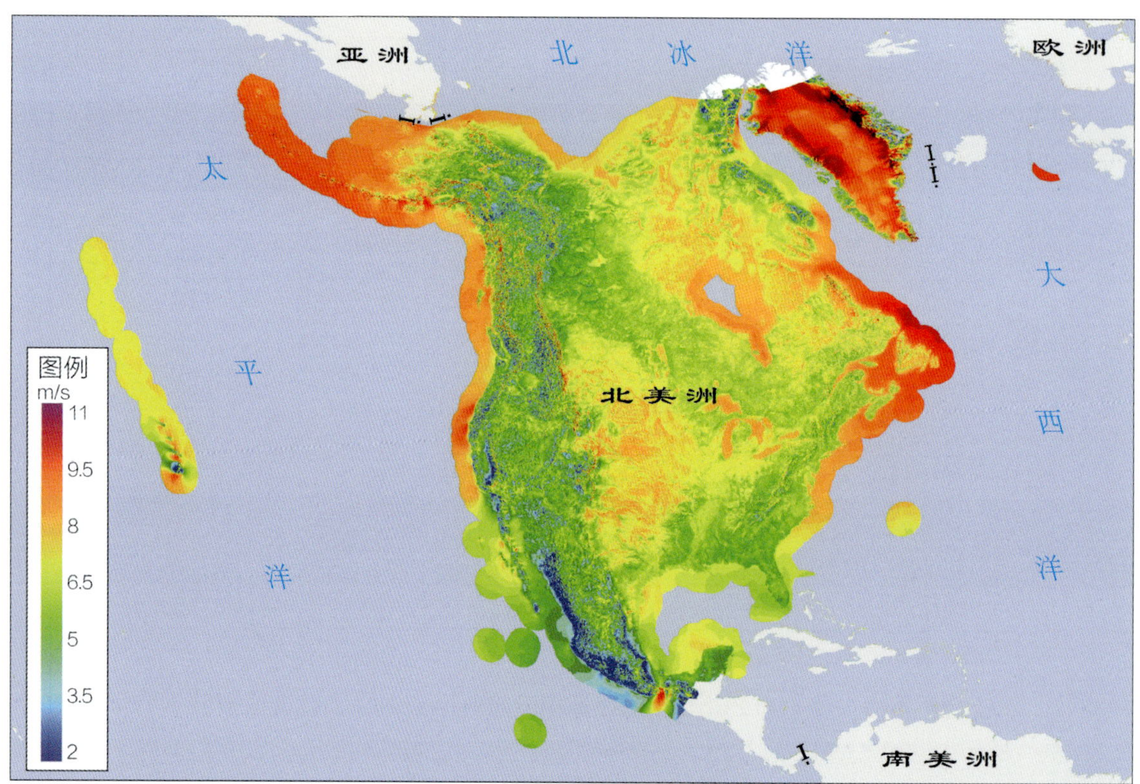

图 2-5　北美洲风速分布示意图

专栏 2-2 **全球风资源中尺度数值模拟**

地球大气系统是一个极其复杂的非线性系统，其动力、热力过程可以通过偏微分方程组描述，但该方程组的复杂性导致难以获得解析解。随着大气探测技术、通信技术和计算机技术不断发展，借助现代高性能计算集群可以实现大规模数值模拟计算，并成为最高效的风资源气象数据获取手段。影响风机发电的天气与气候现象具有中尺度特性，所以一般使用中尺度模式开展模拟计算，并对原始方程模式进行必要简化以有效节省时间及计算成本。天气研究与预测模型 WRF（Weather Research & Forecasting Model）作为中尺度气象模式的典型代表，能够有效捕捉大、中尺度环流过程，适合宏观区域风能资源普查研究，也广泛应用于大气研究和气象预报领域。西班牙 Vortex 公司即采用了中尺度 WRF 模型，通过嵌套模拟链实现了从数百米到数百千米多种空间尺度的覆盖。模型采用了多种覆盖全球范围的地球物理和气象数据库。Vortex 公司把再分析生产的风速数据与全球超过 400 个站点的实测风速数据集进行了对比分析和检测校核。报告采用的是 Vortex 公司生产的全球范围 9km 分辨率，50、100m 和 150m 共 3 个高程的风资源图谱及逐小时时间序列数据，该数据也是世界银行 World Bank Wind Atlas 平台的基础数据之一，在全球获得广泛应用。

2.2.2 地面覆盖物

从适宜大规模集中开发的土地资源角度分析，森林、耕地、湿地水体、城市和冰川是影响风电资源集中开发的主要地表覆盖物限制性因素。北美洲地跨热带、温带、寒带，气候复杂多样。西部多山地和高原，海岸山脉紧邻太平洋，迎风坡地雨量丰沛，但阻挡了太平洋上的暖湿西风向东深入，限制了山脉以西的温带海洋性气候和地中海式气候向东延伸，气候干旱，呈现出荒漠的景象；中部广大地区位于北温带，地势低平，无东西走向山脉，南北开敞，致使南北气流畅通无阻，形成气温、降水季节变化剧烈、大陆性较强的温带大陆性气候，适宜耕种和林业发展。图 2-6 给出了北美洲上述 5 种主要限制风电集中开发的地面覆盖物分布情况。

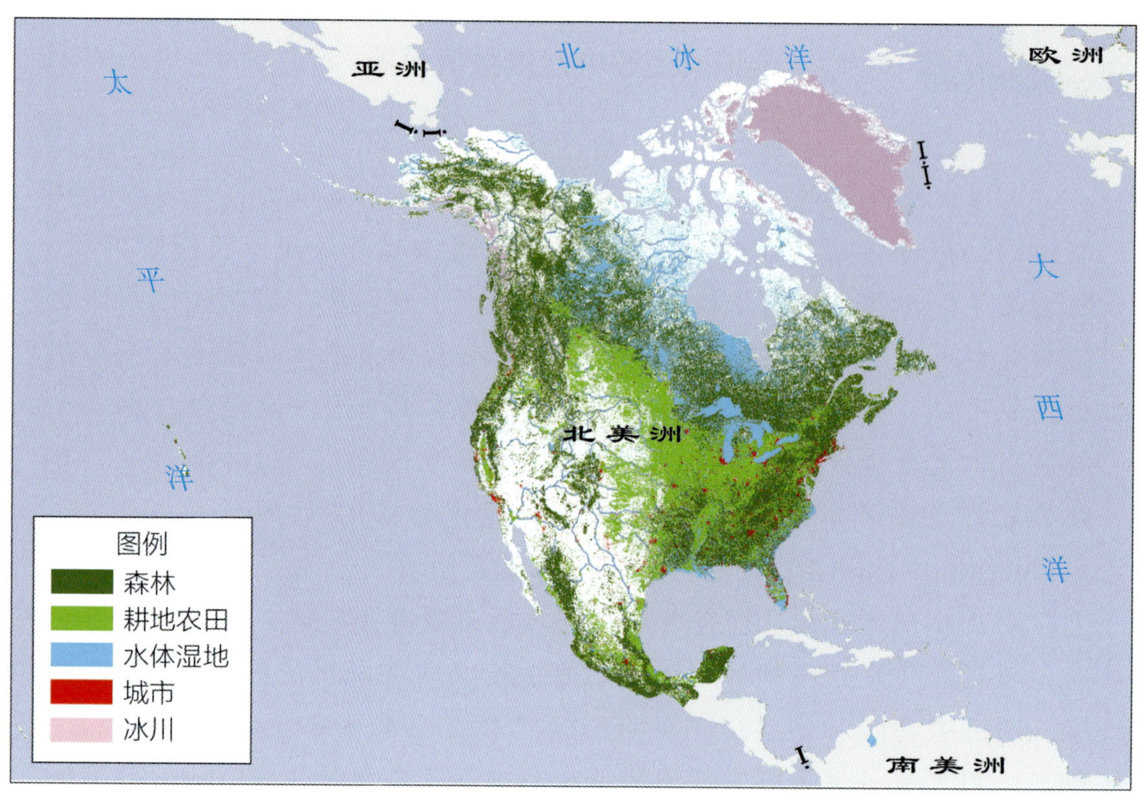

图 2-6　北美洲森林、耕地、水体湿地、城市和冰川分布情况示意图

2.2.3　保护区分布

保护区是影响风电资源开发土地性质的限制性因素，一般情况下，大型风电基地的选址开发应规避所有类型的保护区。北美洲大部分地区拥有众多地质景观以及人类、古生物化石和活动遗迹，广阔的森林为各种动植物提供了合适的环境，分布着众多自然遗迹类、自然生态系统类、自然资源类保护区，全洲保护区总面积高达 257 万 km^2。图 2-7 给出了研究中考虑的北美洲保护区分布情况。

2.2.4　交通设施

风能资源富集地区的交通设施发达程度越高、公路干网等分布越广泛，越有利于工程设备与材料的进场运输，将极大改善大型风电基地的开发建设条件，降低基地开发成本。开展风电资源开发经济性的研究，需要结合交通设施的分布情况进行综合分析和测算。图 2-8 为北美洲主干公路和铁路分布情况示意图。

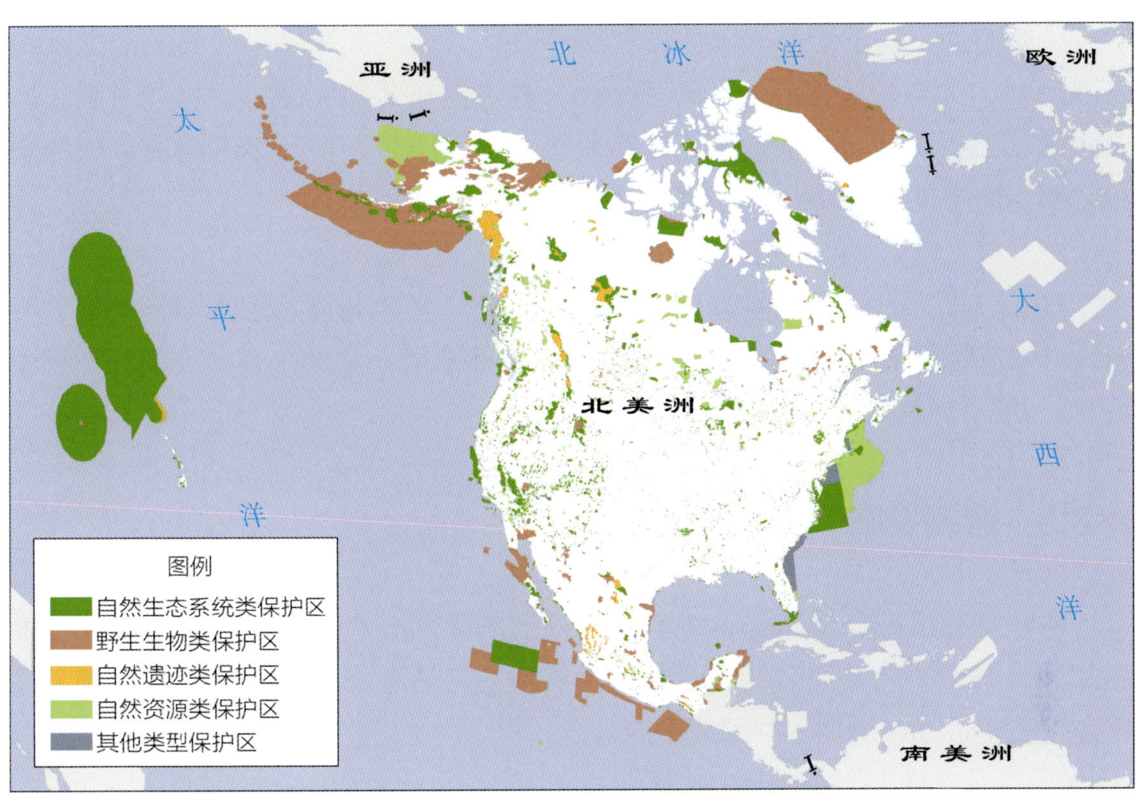

图 2-7 北美洲主要保护区分布情况示意图

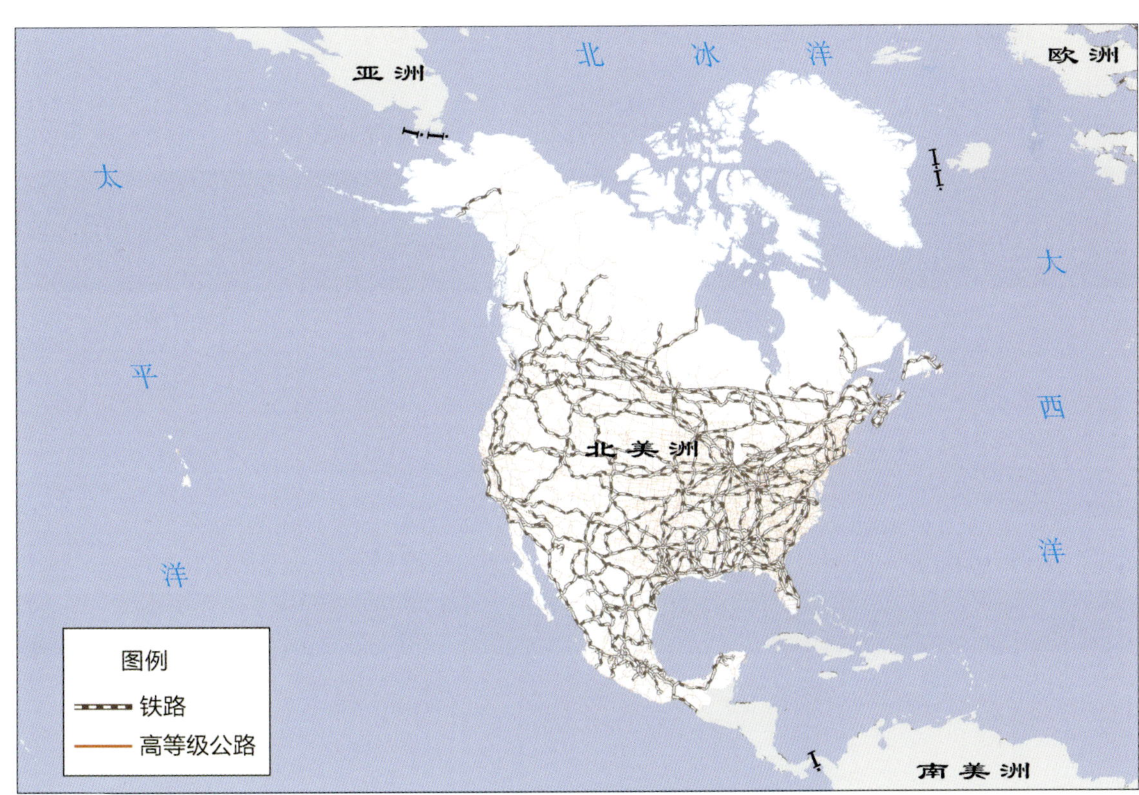

图 2-8 北美洲公路和铁路分布情况示意图

公路方面，基于全球基础信息数据库统计，北美洲高等级公路的总里程约 56 万 km，公路总里程超过 160 万 km，基本遍布北美洲全境。具体来看，加拿大北部和美国阿拉斯加地区，鲜有公路和铁路穿越，多数地区距离最近的干线公路距离超过 200km，尤其是加拿大东北部地区。

铁路方面，基于全球基础信息数据库统计，北美洲铁路里程总计约 20.23 万 km，主要分布在加拿大南部、美国和墨西哥全境。总体来看，北美洲铁路里程长，北部依然有较大发展空间。

2.2.5 电网设施

电网基础设施条件越好，大型风电基地的并网成本越小，越有利于开展集中式风电开发。北美洲风能资源开发经济性的评估考虑了并网条件的影响，在平准化度电成本中增加了并网成本内容。

根据数据统计，北美洲高压电网线路路径总长度约 40.9 万 km，其中 300kV 以上的交流线路长度超过 20.7 万 km，±500kV 及以上直流线路约 7889km，表 2-7 给出了北美洲不同电压等级的交直流电网线路情况的统计。

表 2-7 北美洲不同电压等级的交、直流线路建设情况

交流线路		直流线路	
电压等级（kV）	线路长度（km）	电压等级（kV）	线路长度（km）
745～765	16345	±500	7889
380～500	185016	±400 以下	1220
300～330	5666	—	—
220～275	49927	—	—
110～161 及以下	142486	—	—
总计	399440	总计	9109

专栏 2-3

北美洲电网设施现状

北美洲电网发展水平和年人均用电量较高，电网互联基础较好。

一方面，北美洲电网发展水平较高，跨国电网互联基础较好。经历一百余年发展，北美洲电网电压等级不断提高、互联范围和规模不断扩大。目前，北美洲主要地区已形成比较坚强的500kV（墨西哥为400kV）交流电网主网架，以5个交流电网同步运行。其中，北美东部电网和北美西部电网均跨越美国和加拿大、分别覆盖了两国的东部（加拿大除魁北克省）和西部地区。北美三国间的年跨国交换电量超过600亿kWh，主要集中在美国和加拿大之间。

另一方面，电力消费区域稳定，年人均用电量是世界平均水平的3.2倍。2017年北美洲电力需求总量为4.6万亿kWh，最大负荷约810GW。从国家分布来看，目前电力发展较不均衡，墨西哥与美国、加拿大发展差距较大。美国2017年用电量3.8万亿kWh，占北美洲总用电量的83.6%，美国内部的西部、得州和东部三大区域中，东部地区用电量占比达到全美用电量的72.4%。

北美洲电网110kV及以上基础设施热力分布情况示意图如图2-9所示。总体上，北美洲电网发展水平较高，目前已形成了以比较坚强的500kV（墨西哥为400kV）交流电网为网架、5个交流电网同步运行的电网格局，其中同步电网包括北美东部电网、北美西部电网、美国得州电网、加拿大魁北克电网和墨西哥电网。除极地高纬度地区外，北美洲大型风电基地开发的并网条件良好，多数风电资源都能就近并网、实现远距离外送消纳。

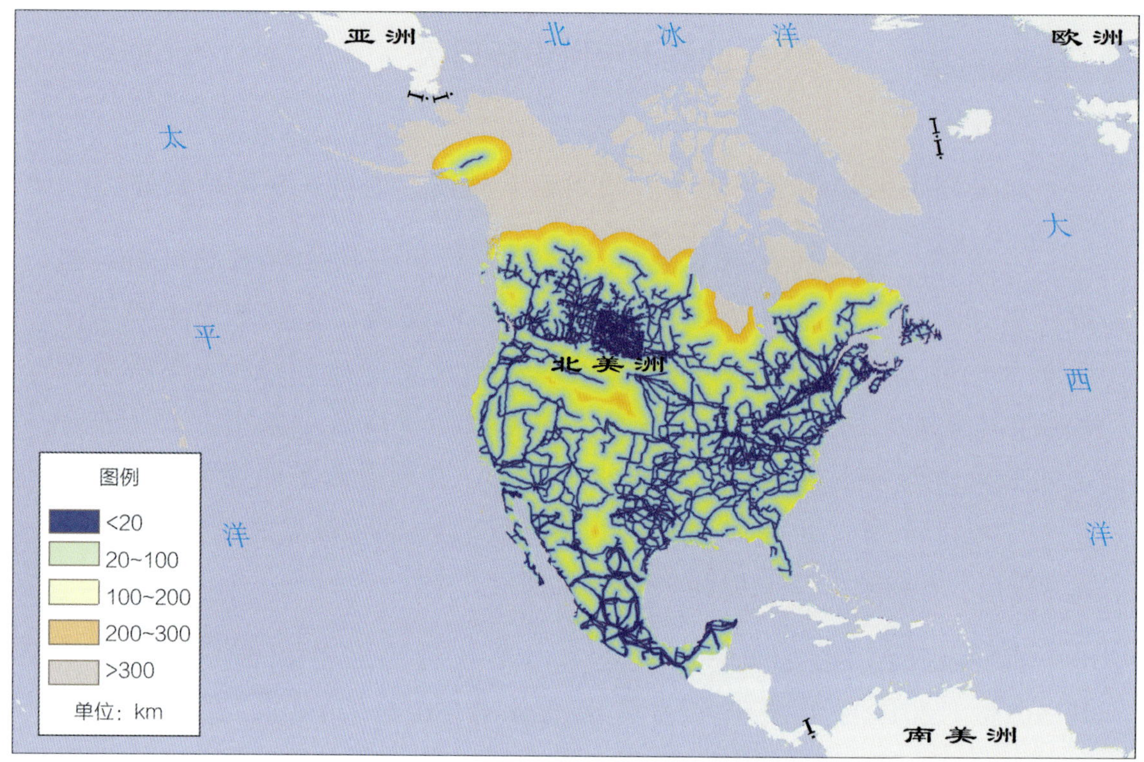

图 2-9　北美洲电网设施热力分布示意图

2.2.6　评估结果

1. 理论蕴藏量评估

根据 100m 高度的风速数据测算，北美洲风能资源理论蕴藏量 487.7PWh/a，占全球总量的 24%，北美洲东部和中部部分地区是全球最具有风能资源开发潜力的区域之一。

2. 技术可开发量评估

综合考虑资源和各类技术限制条件后，经评估测算，北美洲适宜集中开发的风电规模约 15.4TW，年发电量约 40.2PWh。

从分布上看，北美洲技术可开发的风能资源主要集中在美国中部、加拿大东部和北部。上述地区海拔基本在 1500m 以下，主要是草本植被和灌丛，除美国和加拿大的城市、耕地和保护区之外，绝大部分地区非常适合建设大型风电基地。

美国南部的部分地区人口稠密，农业发达，耕地广泛分布，基本不具备集中建设大型风电基地的条件；墨西哥南部地区森林覆盖密集，并有较大面积的农田，集中式开发风电的条件较差。总体来看，受地物覆盖、地形地貌等因素影响，北美洲仅 10% 的陆上区域具备集中开发建设风电基地的条件，墨西哥更适宜采用分散式开发方式利用风电资源。

单位国土面积的风电装机容量及其年发电量是表征一个区域风电技术可开发资源条件的重要指标，但是装机容量受地形坡度影响较大，相比而言，采用年发电量与装机容量的比值，即装机利用小时数（容量因子，Capacity Factor）更能够反映区域风电资源技术开发条件的优劣。北美洲风电技术可开发区域及其利用小时分布示意图如图 2-10 所示。

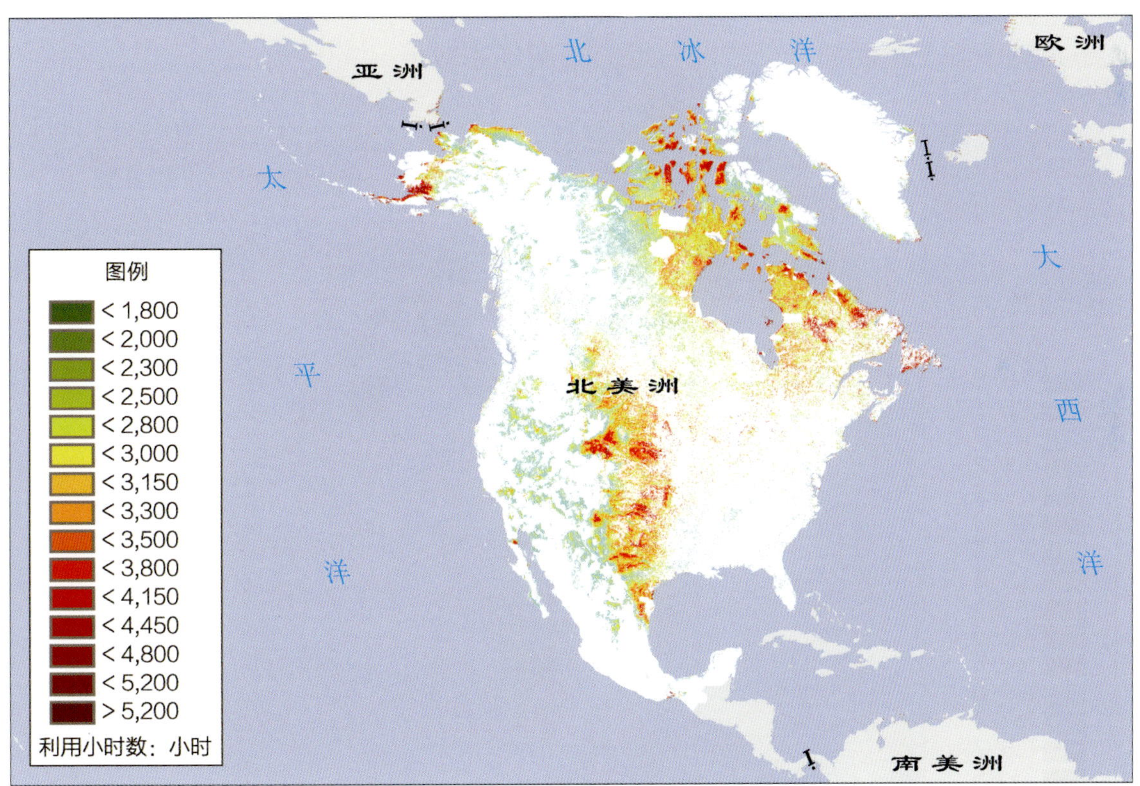

图 2-10　北美洲风电技术可开发区域及其利用小时分布示意图

从北美洲风电技术指标的分布来看，全洲风电技术可开发装机的平均利用小时约 2610 小时（平均容量因子约 0.30），其中加拿大北部和东部、美国本土中部、美国阿拉斯加西南部、墨西哥东北部，风电利用小时在 3000~3500 小时左右，开发条件优越，最大值出现在加拿大东南部的纽芬兰（Newfoundland）附近，超过 4500 小时。

3. 开发成本评估

按照陆上风电技术装备 2035 年造价水平预测结果测算，综合考虑交通和电网基础设施条件，北美洲集中式风电的平均开发成本[1]为 4.55 美分，各国的平均开发成本在 2.03~6.31 美分之间。按照当前全球约 8 美分的平均电价水平评估[2]，除去远加拿大北部阿拉加斯加等极地附近远离公路和电网的区域以及风资源条件相对较差且地形起伏大、按照全球 5 美分风电平均开发成本评估，条件差的区域外，北美洲约 65% 的技术可开发装机满足经济性要求，按照全球 5 美分平均电价水平评估，北美洲 2035 年造价水平下的风电经济可开发规模约 7.8TW，技术可开发量占比约 50%。

北美洲风电资源开发成本分布示意图如图 2-11 所示。美国的中部和西部、加拿大的南部、墨西哥北部的部分地区开发成本较低。

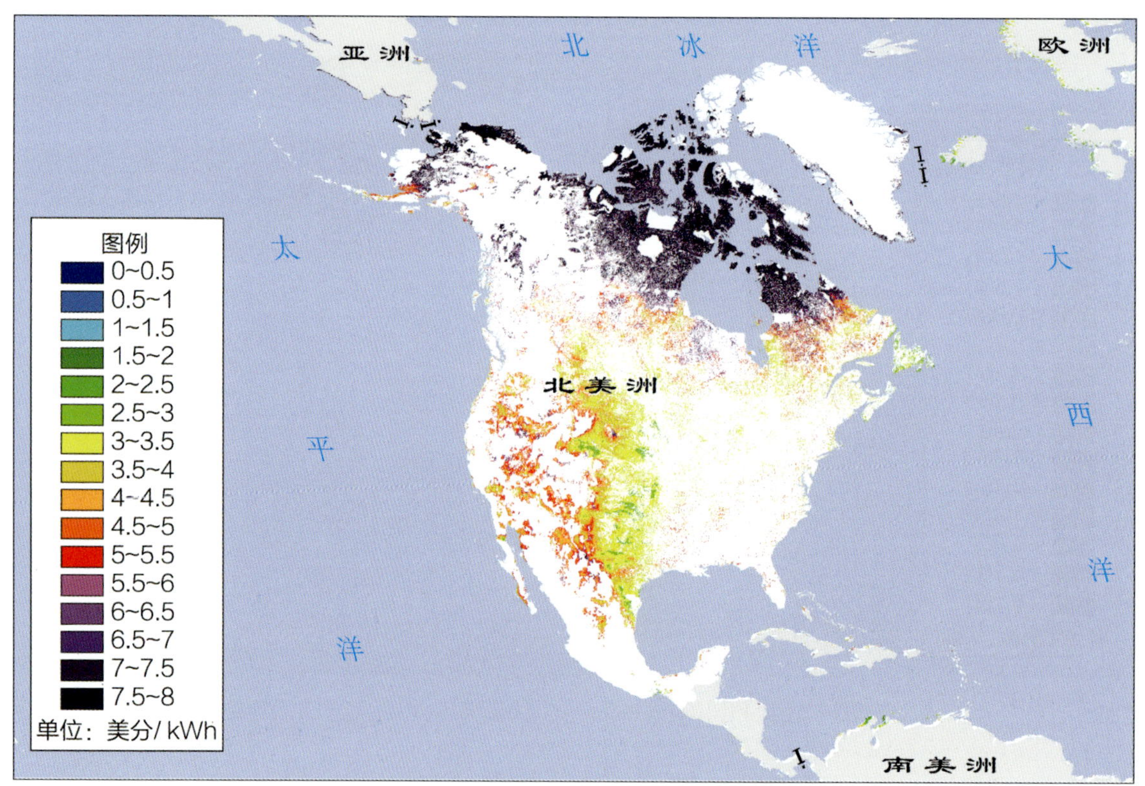

图 2-11　北美洲风电开发成本分布示意图

---

❶ 北美洲集中式风电的平均开发成本为洲内各国家平均开发成本及其年发电量的加权平均值。

❷ 资料来源：可再生能源发电价格参考国际可再生能源署（IRENA）的报告《RENEWABLE POWER GENERATION COSTS IN 2018》，燃气、燃煤和核电价格参考国际能源署（IEA）的报告《Projected Costs of Generating Electricity》.

从北美洲风电开发的国别经济性指标来看，资源条件较好，同时交通、电网基础设施条件相对较好的国家和地区风电开发成本低，经济性更好。整体而言，北美洲可开发的风电资源，绝大部分经济性较好，没有国家存在风电平均开发成本高于 8 美分的情况。从最经济的开发区域来看，加拿大、圣皮埃尔和密克隆（法）、美国、墨西哥、库拉索（荷）等国家和地区风电的最低开发成本均低于 2.5 美分，开发经济性好，其中开发成本最低的区域是在加拿大东部纽芬兰—拉布拉多省（Newfoundland and Labrador）福琼（Fortune）西南部，为 2.01 美分。

专栏 2-4 美国风能资源

美国地处北美洲中部（本土）和西北部（阿拉斯加），国土总面积约 935.37 万 km^2。根据数据测算，境内最高海拔高度 6385m，最大地形坡度 88.8° 。

美国风能资源较好，距地面 100m 高度全年风速范围为 2.1~11.1m/s，全国平均风速 5.7m/s。全年风速大于 6m/s 的区域主要分布在本土的中部及北部地区，本土西部及西南部部分地区和阿拉斯加大部分地区年平均风速均低于 3.5m/s，资源相对较差。

1. 主要限制性因素

美国境内设有不同类型的保护区，包括野生生物类保护区 54.55 万 km^2、自然资源类保护区 45.14km^2 等，保护区总面积约 120.51 万 km^2，具体见表专栏 2-4 表 1 所列，以上区域均不宜进行风能资源规模化开发。

专栏 2-4 表 1 美国主要保护区面积测算结果

单位：万 km^2

总面积	自然生态系统	野生生物	自然遗迹	自然资源	其他
120.51	10.11	54.55	2.28	45.14	8.42

美国地物覆盖类型以草本植被为主，面积 214.92 万 km^2，占总陆地面积 30.0%；耕地覆盖面积 199.53 万 km^2，占总陆地面积 21.3%；灌丛面

积 162.18 万 km^2，占总陆地面积 17.3%。美国主要地面覆盖物分析结果见专栏 2-4 表 2。草本植被和裸露地表适宜集中开发风电，按照确定的土地利用系数测算，美国可进行风能集中式开发的面积约 173.1 万 km^2，占比 18.5%。

专栏 2-4 表 2　美国主要地面覆盖物分析结果

单位：万 km^2

国土总面积	河流湖泊面积	陆地面积								
		总计	森林	灌丛	草本植被	耕地	湿地沼泽	裸露地表	城市	冰雪
935.37	32.79	900.25	251.84	162.18	214.92	199.53	33.07	8.68	23.18	6.85

美国发生过地震的地区集中在西部沿海和部分东部地区，风电开发应规避分布在西部及东部的主要地层断裂带、地震带及裂谷地带。美国岩层分布多样，以松散沉积岩、硅碎屑沉积岩和基性火山岩为主。

美国人口 3.30 亿，人口密度超过 3.5 万 / km^2 的人口密集地区主要集中在西部沿海和东部大部分城市地区，其他区域人口密度相对较低，规模化开发风电一般应远离人口密集地区。

2. 评估结果

根据测算，美国陆地风能资源理论蕴藏量 187424TWh/a；集中式开发的技术可开发量 6276GW，年发电量 16425TWh，平均利用小时数 2617（容量因子 0.30）。美国中部、南部和北部地区风能装机条件好，部分平原地区的装机能力可以达到 5MW/km^2，全国风电技术可开发量与开发成本分布示意图如专栏 2-4 图 1 所示。

根据测算，美国陆地风电的平均开发成本为 3.73 美分 / kWh，其中开发条件最好的地区，开发成本低至 2.39 美分 / kWh。美国适合风电大规模经济开发的区域主要分布于中部及西部。

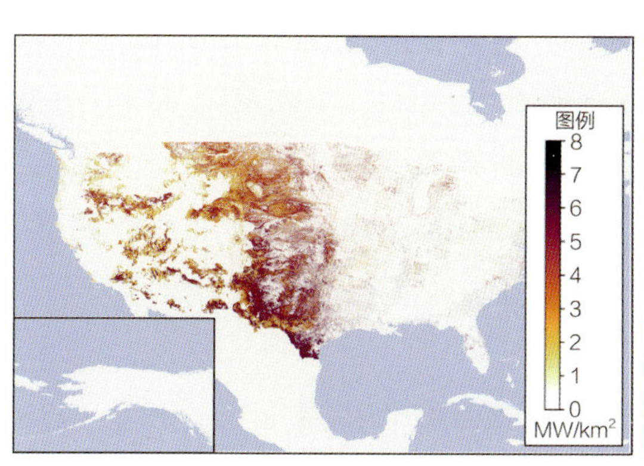

（a）技术可开发量分布

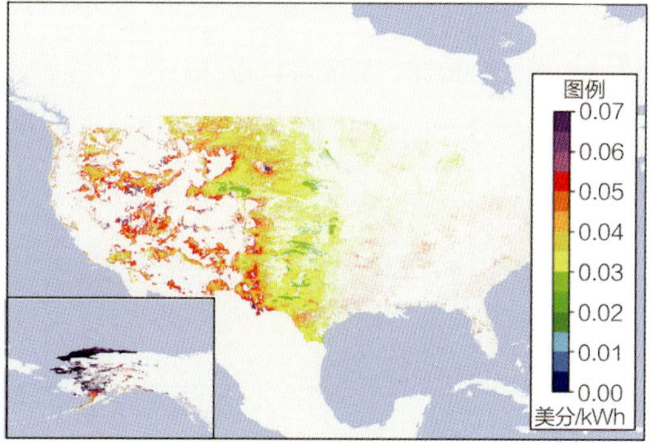

（b）开发成本分布

专栏 2-4 图 1 美国风电技术可开发量以及开发成本分布示意图

专栏 2-5 加拿大风能资源

加拿大地处北美洲北部，国土总面积约 998 万 km^2。根据测算，境内最高海拔高度 5890m，最大地形坡度 86.2° 。

加拿大风能资源较好，距地面 100m 高度全年风速范围为 2.05~10.15m/s，全国平均风速 5.68m/s，风速分布差异大。全年风速大于 6m/s 的区域主要分布在南部及东部地区，西部和北部大部分地区年平均风速均低于 3.5m/s，资源相对较差。

1. 主要限制性因素

加拿大境内设有大量的保护区，包括自然资源类保护区 17.99 万 km^2、野生生物类保护区 47.7 万 km^2 等，保护区总面积 107.6 万 km^2，具体见下表所列，以上区域均不宜进行风资源规模化开发。

专栏 2-5 表 1 加拿大主要保护区面积测算结果

单位：km^2

总面积	自然生态系统	野生生物	自然遗迹	自然资源	其他
107.60	29.70	47.70	2.07	17.99	10.14

加拿大地表草本植被覆盖面积348.41万km^2，占总陆地面积34.9%；森林覆盖面积325.34万km^2，占总陆地面积32.6%；湿地沼泽面积70.39万km^2，占7.1%。加拿大主要地面覆盖物分析结果见专栏2–5表2。灌丛、草本植被和裸露地表适宜集中开发风电，按照确定的土地利用系数测算，加拿大可进行风能集中式开发的面积约237.4万km^2，占比23.8%。

专栏2–5表2　加拿大主要地面覆盖物分析结果

单位：万km^2

国土总面积	河流面积	陆地面积								
		总计	森林	灌丛	草本植被	耕地	湿地沼泽	裸露地表	城市	冰雪
998.47	103.93	884.76	325.34	57.48	348.41	49.56	70.39	10.84	2.38	20.36

加拿大地震发生频率很低，历史地震发生过的地区在东南部和中西部地区，风电开发应规避主要地层断裂带、地震带及地震高发区域。加拿大岩层分布以硅碎屑沉积岩、混合沉积岩和变质岩为主。

加拿大人口3706万，人口密度超过3.5万/km^2的人口密集地区主要集中在南部城市地区，中部及北部人口密度较低，规模化开发风电一般应远离人口密集地区。

2. 评估结果

根据测算，加拿大陆地风能资源理论蕴藏量199715.8 TWh/a；集中式开发的技术可开发量8287GW，年发电量21829TWh，平均利用小时数2634（容量因子0.30）。加拿大东部及北部地区风能开发条件好，部分东部和北部平原地区的装机能力可以达到5MW/km^2，全国风电技术可开发量以及开发成本分布图谱如专栏2–5图1所示。

根据测算，加拿大陆地风电的平均开发成本为5.14美分/kWh，其中开发条件最好的地区，开发成本低至2.01美分/kWh。加拿大适合风电大规模经济开发的区域主要分布于东部及中部。

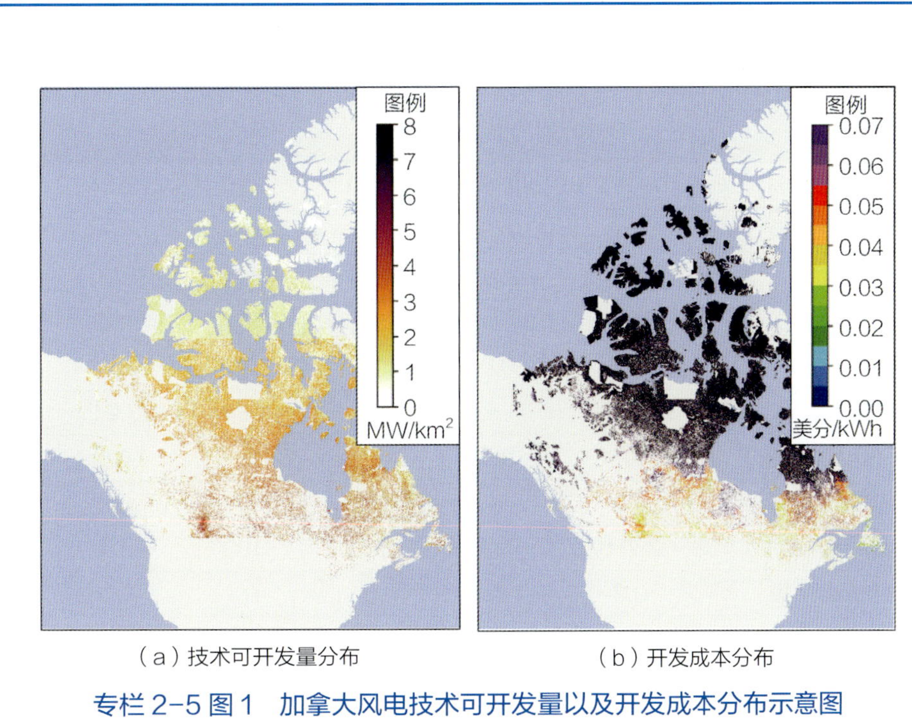

专栏 2-5 图 1 加拿大风电技术可开发量以及开发成本分布示意图

北美洲 5 个国家和地区风能资源评估结果见表 2-8，包括理论蕴藏量、集中式开发规模以及按国别的平均开发成本。其中，技术可开发量的评估结果是按照本报告章节 2.1.3 给定的评估参数计算获得，是满足集中式开发条件区域的装机容量，并不包含低风速和部分可采用分散式开发的树林与农田区域的风电装机规模。

具体来看，北美洲墨西哥基本不具备集中式风电开发条件，主要因为风资源与地物分布不匹配，即资源条件较好的地区被森林和耕地覆盖，集中式风电开发条件差，宜采用分散式开发，利用低风速资源。经测算评估，墨西哥的分散式风电开发规模为 139.06GW，年发电量 252TWh/a，可利用面积比例 1.9%，远超其集中式开发的规模。

表 2-8 北美洲 5 个国家和地区风能资源评估结果

序号	国家	理论蕴藏量（TWh/a）	集中式开发规模（GW）	年发电量（TWh/a）	可利用小时数（小时）	可利用面积比例（%）	平均开发成本（美分/kWh）
1	加拿大	199715.8	8287.4	21829.0	2634	23.77	5
2	圣皮埃尔和密克隆（法）	23.2	0.3	1.5	4720	—	2.14
3	美国	187914	6279.9	16434.2	2617	6.16	3.94
3.1	美国—本土	153024.5	5562.8	14530.1	2612	18.62	3.73
3.2	中途岛（美）	0.3	0.0	0.0	0	0	—
3.3	阿拉斯加（美）	34399.9	714.1	1894.9	2654	17.91	5.54
3.4	阿留申群岛（美）	207.4	0.0	0.0	0	0	—
3.5	关塔那摩（美）	0.6	0.0	0.0	1888	5.90	5.1
3.6	夏威夷（美）	280.6	3.0	9.2	3100	8.94	6.31
3.7	圣地亚哥（美）	0.2	0	0	0	0	—
3.8	威克岛（美）	0.5	0	0	0	0	—
3.9	约翰斯顿岛（美）	0	0	0	0	—	—
4	墨西哥	18659.6	729.0	1653.9	2269	9.65	4.32
5	库拉索（荷）	30.2	1.0	4.2	4232	58.24	2.58
附	格陵兰（丹麦）	81380.5	96.6	238.8	2472	2.00	7.04
总计[1]		487723.4	15394.2	40161.7	2609[2]	10.30[3]	4.55[4]

1 北美洲风能资源评估结果的总计除了北美洲 5 个国家和地区，还包括格陵兰岛。

2 北美洲风电利用小时数为洲内年总发电量与总技术可开发量的比值。

3 北美洲风电可利用面积比例为洲内总可利用面积与全洲总面积的比值。

4 北美洲风电平均开发成本为洲内各国家平均开发成本及其年发电量的加权平均值。

2.3 风电基地开发

2.3.1 开发现状

近十年来北美洲风电装机开始增长较快，2018 年总装机规模达到 112.1GW，北美洲历年风电总装机容量如图 2-12（a）所示[1]。

其中，美国、加拿大和墨西哥风电装机容量分别为 94417MW、12816MW 和 4875MW，发电量分别为 273603、32855GWh 和 10671GWh，具体情况见表 2-9[2]。图 2-12（b）给出了北美洲主要国家历年风电装机容量，由图可知，2010—2018 年，美国和加拿大风电装机容量稳步增长。美国大型的风电基地 Horse Hollow Wind Energy Center，装机容量 735.5MW；2015 年新建了 Highland Wind Project (IA) 风电场，装机容量 502MW。加拿大大型的风电基地 Blackspring Ridge，装机容量 298.8MW。

表 2-9　2018 年北美洲主要国家风电开发情况

国家	风电装机容量（MW）	风电发电量（GWh）
美国	94417	273603
加拿大	12816	32855
墨西哥	4875	10671

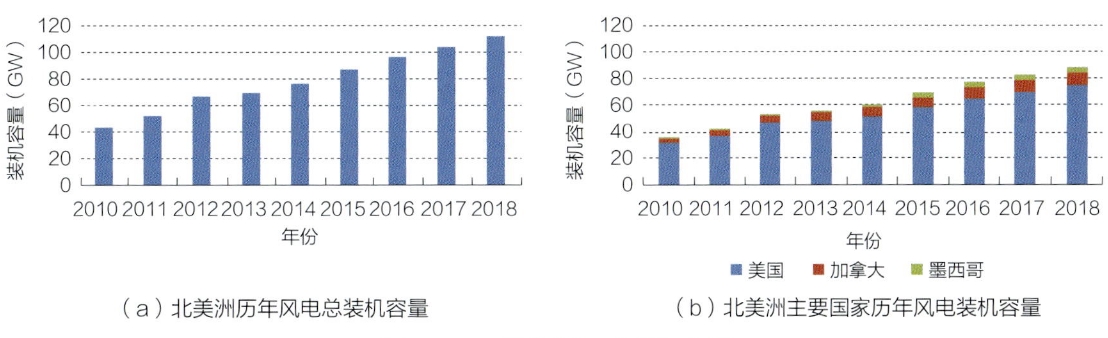

（a）北美洲历年风电总装机容量　（b）北美洲主要国家历年风电装机容量

图 2-12　北美洲风电装机容量

❶ 资料来源：International Renewable Energy Agency. Renewable capacity statistics 2019[R]. Abu Dhabi: IRENA，2019.

❷ 资料来源：彭博社 . 全球装机和发电量统计 [EB/OL]，2020-02-24.

根据 IRENA 统计，从 2010 年至 2018 年，北美洲风电加权平均的初投资水平下降加快，从 2400 美元 /kW 降至 1600 美元 /kW。北美洲风电加权平均的度电成本从 8 美分 / kWh 降至 4.5 美分 / kWh[1]。

2.3.2 基地布局

根据北美洲风能资源评估结果，综合考虑资源特性和开发条件，大型风电基地宜在技术指标高、开发成本低的区域进行布局。综合当地用电需求，根据北美洲能源互联网主要战略输电通道布局，未来在美国陆上开发马丁、阿瑟、加登城、兰德和弗拉格斯塔夫风电基地，2035 年开发规模可达到 67.06GW；在美国海上开发俄勒冈州、马萨诸塞州周边、纽约州和新泽西州海上风电基地，2035 年开发规模可达到 45.07GW；在加拿大开发克亚诺、尼切昆和马尼夸根风电基地，2035 年开发规模可达到 26.06GW。

报告基于数字化选址模型和软件，对上述 12 个风电基地的开发条件、装机规模、工程设想、发电特性和投资水平进行了研究，提出了初步开发方案。12 个风电基地的总装机规模约 138.00GW，年发电量 470.12TWh/a。根据远景规划，未来开发总规模有望超过 224GW。按照 2035 年北美洲风电造价预测成果，基于项目基本情况进行投资估算，北美洲风电基地总投资约 1779.89 亿美元，度电成本为 3.08 ~ 6.88 美分 / kWh。

北美洲大型风电基地总体布局示意图如图 2-13 所示。

[1] 资料来源：International Renewable Energy Agency. Renewable Power Cost in 2018[R]. Abu Dhabi: IRENA，2019.

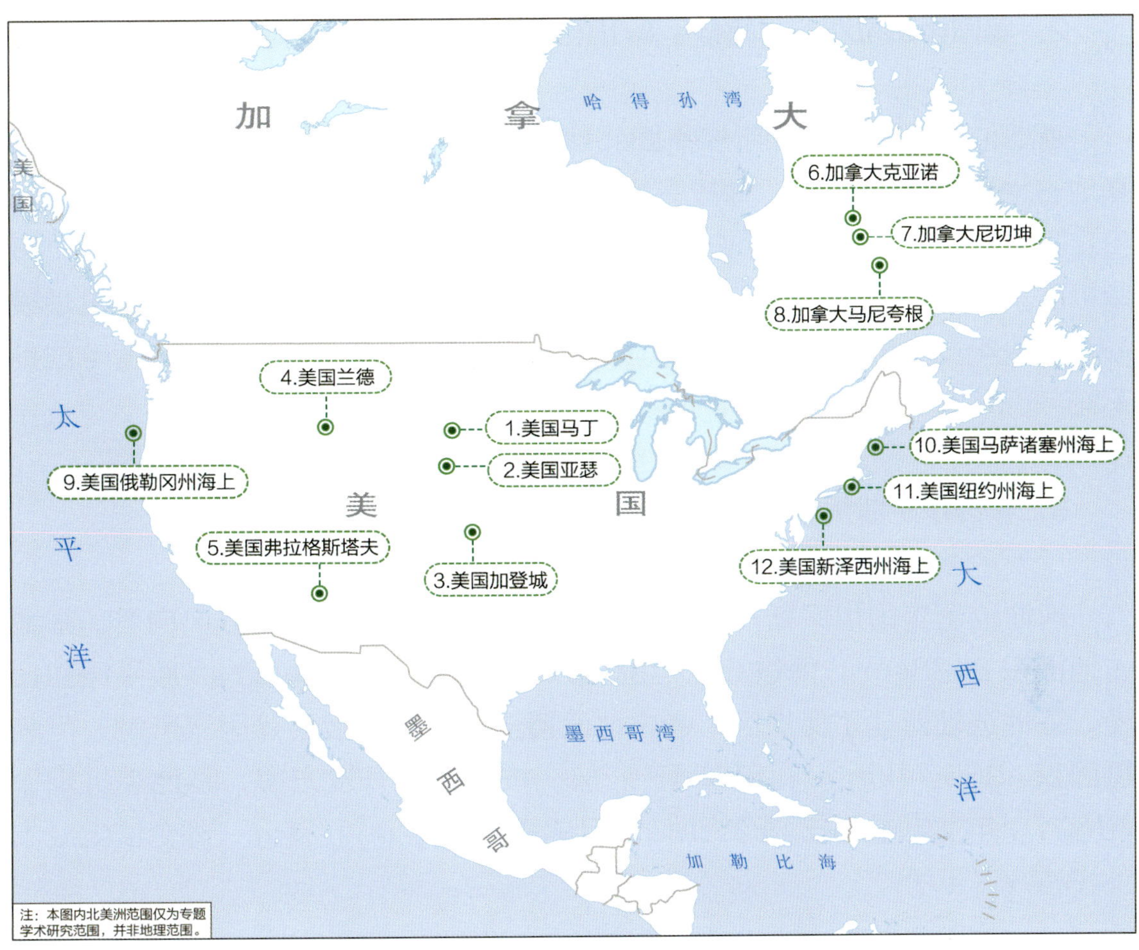

图 2-13 北美洲大型风电基地布局示意图

2.3.3 基地概述

本报告提出的北美洲 12 个大型风电基地选址的总体情况如下。

1. 美国南达科他州马丁（Martin，SouthDakota）基地

基地位于美国南达科他州南部，年平均风速 7.26m/s，主导风向 NW。基地占地面积 6485km^2，海拔高程范围 599~1018m，主要地形为高原山地和丘陵。基地选址避让了保护区，考虑地面覆盖物、地形坡度等因素影响，可装机面积 4399.98km^2，利用率 67.85%。按照初步开发方案，基地装机规模 180GW，年发电量 55867GWh；项目总投资 181.20 亿美元，综合度电成本 3.31 美分 / kWh。

2. 美国内布拉斯加州阿瑟（Arthur，Nebraska）基地

基地位于美国内布拉斯加州西北部，年平均风速 7.37m/s，主导风向 S。基地占地面积 7585km^2，海拔高程范围 865~1278m，主要地形为高原山地和丘陵。基地选址避让了保护区，考虑地面覆盖物、地形坡度等因素影响，可装机面积 5529.14km^2，利用率 72.90%。按照初步开发方案，基地装机规模 18GW，年发电量 56751GWh；项目总投资 183.29 亿美元，综合度电成本 3.30 美分 / kWh。

3. 美国堪萨斯州加登城（Garden City，Kansas）基地

基地位于美国堪萨斯州南部，年平均风速 7.26m/s，主导风向 S。基地占地面积 8483km^2，海拔高程范围 431 ~ 822m，主要地形为高原平原和丘陵。基地选址避让了保护区，考虑地面覆盖物、地形坡度等因素影响，可装机面积 4065.71km^2，利用率 47.93%。按照初步开发方案，基地装机规模 18GW，年发电量 54544GWh；项目总投资 165.68 亿美元，综合度电成本 3.10 美分 / kWh。

4. 美国怀俄明州兰德（Lander，Wyoming）基地

基地位于美国怀俄明州西南部，年平均风速 7.82m/s，主导风向 SW。基地占地面积 2361km^2，海拔高程范围 1967 ~ 2561.5m，主要地形为高原山地。基地选址避让了保护区，考虑地面覆盖物、地形坡度等因素影响，可装机面积 2266.3km^2，利用率 96%。按照初步开发方案，基地装机规模 9GW，年发电量 28874GWh；项目总投资 86.97 亿美元，综合度电成本 3.08 美分 / kWh。

5. 美国亚利桑那州弗拉格斯塔夫（Flagstaff, Arizona）基地

基地位于美国亚利桑那州中部，年平均风速 6.42m/s，主导风向 SW。基地占地面积 1496km^2，海拔高程范围 1796 ~ 2296m，主要地形为高原山地。基地选址避让了保护区，考虑地面覆盖物、地形坡度等因素影响，可装机面积 1061.30km^2，利用率 70.94%。按照初步开发方案，基地装机规模

4GW，年发电量 10193GWh；项目总投资 37.69 亿美元，综合度电成本 3.78 美分 / kWh。

6. 加拿大魁北克省克亚诺（keyano, Quebec）基地

基地位于加拿大魁北克省中部，年平均风速 7.27m/s，主导风向 WNW。基地占地面积 5183km^2，海拔高程范围 320~571m，主要地形为山地。基地选址避让了保护区，考虑地面覆盖物、地形坡度等因素影响，可装机面积 2723.39km^2，利用率 52.54%。按照初步开发方案，基地装机规模 10GW，年发电量 31561GWh；项目总投资 121.55 亿美元，综合度电成本 3.93 美分 / kWh。

7. 加拿大魁北克省尼切昆（Nitchequon, Quebec）基地

基地位于加拿大魁北克省南部，年平均风速 7.57m/s，主导风向 WNW。基地占地面积 7410km^2，海拔高程范围 443~717m，主要地形为高原山地。基地选址避让了保护区，考虑地面覆盖物、地形坡度等因素影响，可装机面积 2479.62km^2，利用率 33.46%。按照初步开发方案，基地装机规模 8GW，年发电量 26236GWh；项目总投资 124.10 亿美元，综合度电成本 4.84 美分 / kWh。

8. 加拿大魁北克省马尼夸根（Manicouagan, Quebec）基地

基地位于加拿大魁北克省东部，年平均风速 7.4m/s，主导风向 WNW。基地占地面积 4869km^2，海拔高程范围 528~865m，主要地形为高原山地。基地选址避让了保护区，考虑地面覆盖物、地形坡度等因素影响，可装机面积 2271.85km^2，利用率 46.66%。按照初步开发方案，基地装机规模 8GW，年发电量 25856GWh；项目总投资 108.56 亿美元，综合度电成本 4.29 美分 / kWh。

9. 美国俄勒冈州（Oregan）海上基地

基地位于美国**俄勒冈州**，年平均风速 8.05m/s，主导风向 N。基地占地面

积 1003km^2，海深小于 100m，离岸距离 10km。基地选址避让了海洋自然保护区、主要航道等，可装机面积利用率 100%。按照初步开发方案，基地装机规模 5GW，年发电量 17570GWh；项目总投资 88.18 亿美元，综合度电成本 6.88 美分 / kWh。

10. 美国马萨诸塞州、罗得岛州、康涅狄格州（Massachusetts, Rhode Island, Connecticut）海上基地

基地位于美国马萨诸塞州、罗得岛州、康涅狄格州，年平均风速 9.09m/s，主导风向 SW。基地占地面积 2002km^2，海深小于 50m，离岸距离 10km。基地选址避让了海洋自然保护区、主要航道等，可装机面积利用率 100%。按照初步开发方案，基地装机规模 10GW，年发电量 42373GWh；项目总投资 163.36 亿美元，综合度电成本 5.29 美分 / kWh。

11. 美国纽约州（New York）海上基地

基地位于美国纽约州的东部海域，年平均风速 8.83m/s，主导风向 SW。基地占地面积 3007km^2，海深小于 100m，离岸距离 10km。基地选址避让了海洋自然保护区、主要航道等，可装机面积利用率 100%。按照初步开发方案，基地装机规模 15GW，年发电量 61335GWh；项目总投资 266.86 亿美元，综合度电成本 5.97 美分 / kWh。

12. 美国新泽西州（New Jersey）海上基地

基地位于美国新泽西州东部海域，年平均风速 8.62m/s，主导风向 SW。基地占地面积 3002km^2，海深小于 50m，离岸距离 20km。基地选址避让了海洋自然保护区、主要航道等，可装机面积利用率 100%。按照初步开发方案，基地装机规模 15GW，年发电量 58960GWh；项目总投资 252.45 亿美元，综合度电成本 5.87 美分 / kWh。

各大型风电基地主要技术经济指标见表 2-10。

表 2-10　北美洲主要大型风电基地技术经济指标

序号	基地名称	国家	占地面积（km^2）	主要地形	年均风速（m/s）	装机容量（GW）	年发电量（GWh）	总投资（亿美元）	度电成本（美分 / kWh）
1	马丁	美国	6485	高原山地	7.26	18	55867	181.20	3.31
2	阿瑟	美国	7585	高原山地	7.37	18	56751	183.29	3.30
3	加登城	美国	8483	平原和丘陵	7.22	18	54544	165.68	3.10
4	兰德	美国	2361	高原山地	7.82	9	28874	86.97	3.08
5	弗拉格斯塔夫	美国	1496	高原山地	6.42	4	10193	37.69	3.78
6	克亚诺	加拿大	5183	山地	7.27	10	31561	121.55	3.93
7	尼切昆	加拿大	7410	高原山地	7.57	8	26236	124.10	4.84
8	马尼夸根	加拿大	4869	高原山地	7.40	8	25856	108.56	4.29
9	俄勒冈州	美国	1003	海上	8.05	5	17570	88.18	6.88
10	马萨诸塞州、罗得岛州、康涅狄格州	美国	2002	海上	9.09	10	42373	163.36	5.29
11	纽约州	美国	3007	海上	8.83	15	61335	266.86	5.97
12	新泽西州	美国	3002	海上	8.62	15	58960	252.45	5.87
合计			—	—	—	138	470120	1779.89	—

2.3.4　基地选址研究

本报告给出了美国兰德和加拿大克亚诺 2 个风电基地选址研究的详细结果，可供项目开发研究参考。

2.3.4.1　美国兰德风电基地

1. 主要开发条件分析

风资源条件。兰德（Lander）风电基地位于美国（United States）怀俄明州（Wyoming）西南部，距地面 100m 高度的全年平均风速范围 7.32~8.59m/s，综合平均风速 7.82m/s，区域主导风向 SW，总体资源条件优越，适宜进行风能资源的规模化开发。风速图谱如图 2-14 所示。

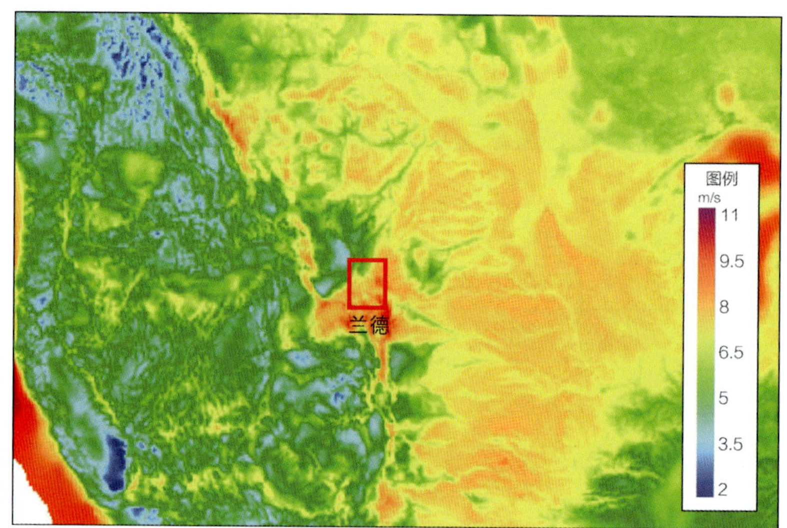

图 2-14　兰德风电基地风速分布示意图

地形地貌。区域地处美国怀俄明州西南部高原，西临大盐湖（Great Salt Lake），北临密苏里高原（Missouri Plateau）。区域内的海拔高程范围1967～2561.5m，最大坡度 21°，可以开发大型山地风电基地。

主要限制性因素。兰德风电基地位于美国西部山脉到平原的交接地区，占地总面积 2,833.73km^2，选址及其周边主要限制因素分布的示意图如图 2-15 所示。区域内地物覆盖类型主要为灌丛和裸露地表。区域内无自然保护区等限

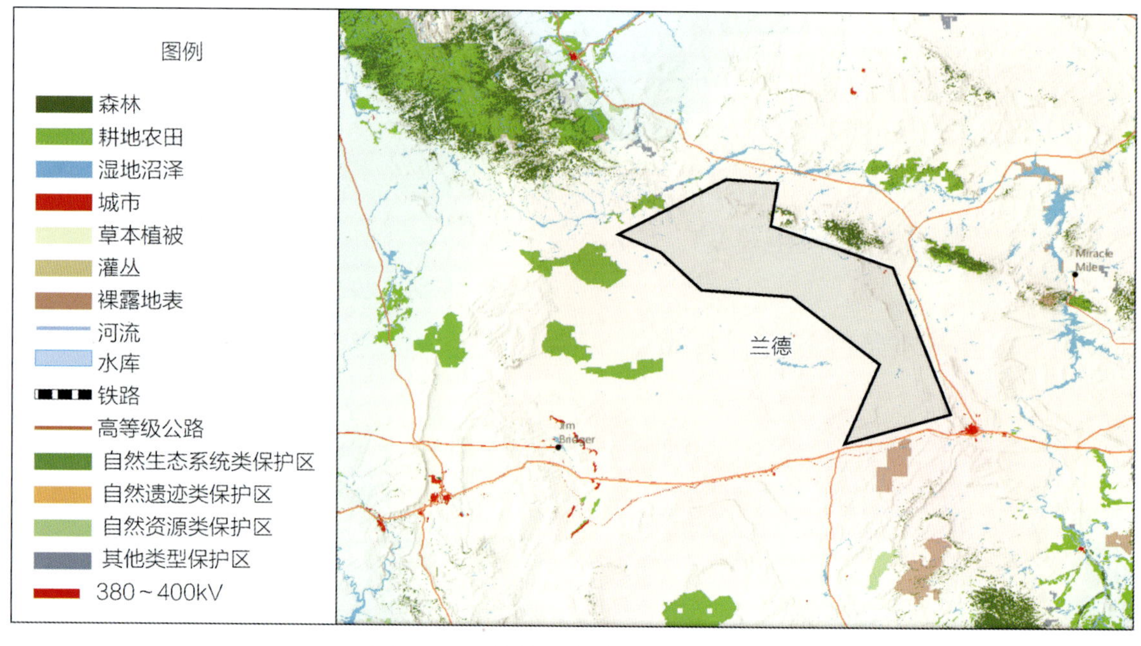

图 2-15　兰德风电基地选址示意图

制因素，避让位于西北部的自然保护区。交通设施方面，南部 5km 内有铁路，北、东、南三个方向都临近干线路网。电网方面，东部 47km 处、西南 71km 各有 1 条 400kV 交流输电通道，接入电网条件较好。

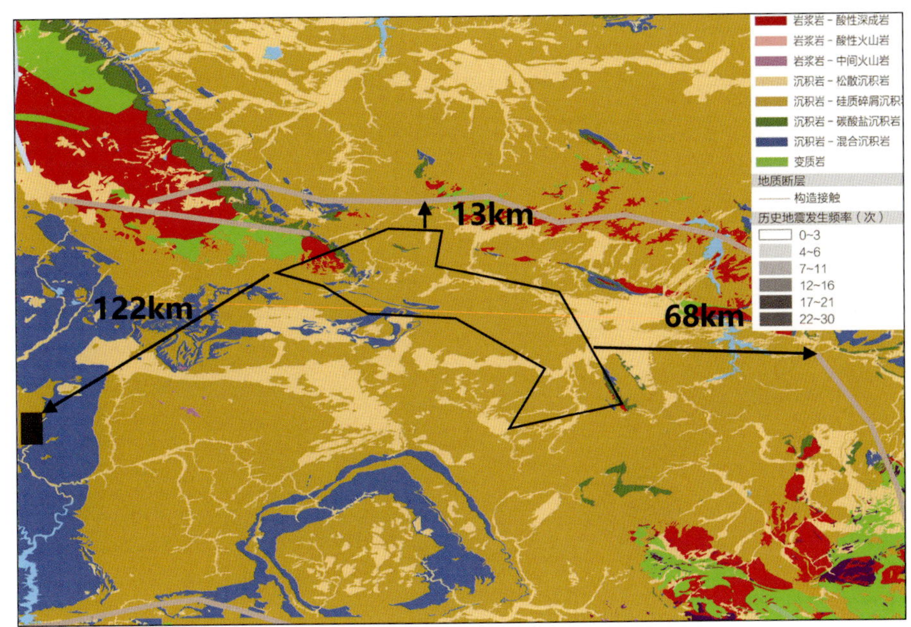

图 2-16　兰德风电基地岩层分布及地质情况示意图

基地范围内硅碎屑沉积岩和松散沉积岩主要发育，东部 68km 和北部 13km 处接触断层和裂谷分布，距离最近的存在历史地震记录的地区约 122km，地质结构稳定，如图 2-16 所示。区域内无大型城镇等人类活动密集区，距离最近人口密集区域（3.5 万 / km^2）约 7km，是大型城市辛克莱尔（Sinclair）地区。

2. 开发规模与资源特性

经测算，基地风能资源理论蕴藏总量为 90.3TWh/a。装机容量 9.01GW，年发电量 28874GWh，利用小时数 3204。基地风能年发电量的地理区域分布示意如图 2-17（a）所示，基地东部地形起伏相对较大，装机密度低于平地地区；基地 8760 逐小时出力系数热力分布如图 2-17（b）所示，其横坐标代表 24 小时，纵坐标代表 365 天，反映了 8760 小时风电出力随时间变化的规律。

选择代表点对基地发电特性进行分析。基地的风向玫瑰图和风速威布尔分布图如图 2-18 所示，风速和风功率的典型日变化和年变化曲线如图 2-19 所示，对应风能发电出力的典型日变化和年变化曲线如图 2-20 所示。从风频分布来看，主要风速分布集中在 8 ~ 10m/s。从日变化来看，大风时段主要集中在 18—24 点（世界标准时间，下同。折算到美国当地时间为 0—6 点），中风速时段从 1—9 点和 16—17 点，小风时段主要集中在 10—15 点。从月度变化来看，3—9 月风速大，发电能力强，11 月至次年 1 月风速小，发电能力低。

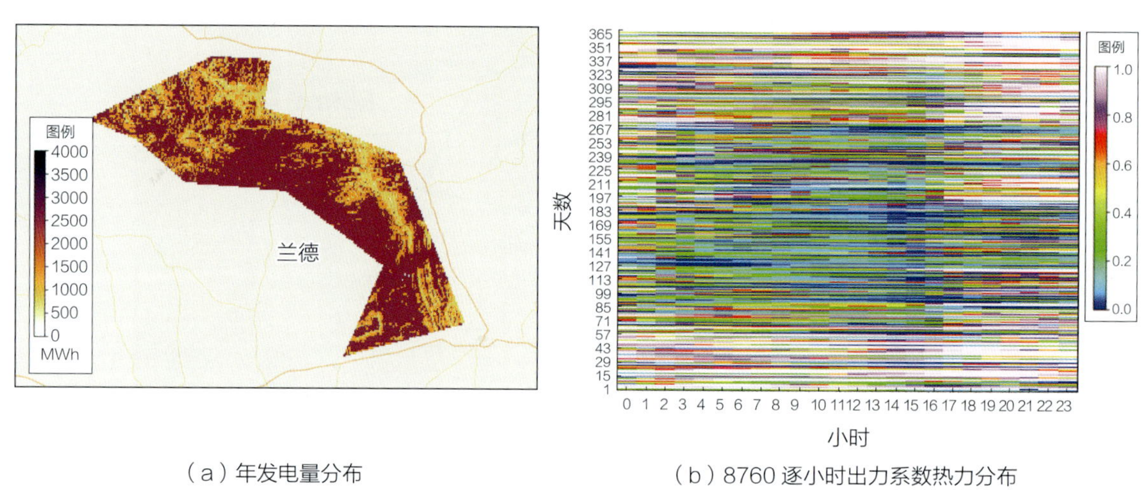

（a）年发电量分布　　（b）8760 逐小时出力系数热力分布

图 2-17　兰德风电基地年发电量分布和 8760 逐小时出力系数热力分布图

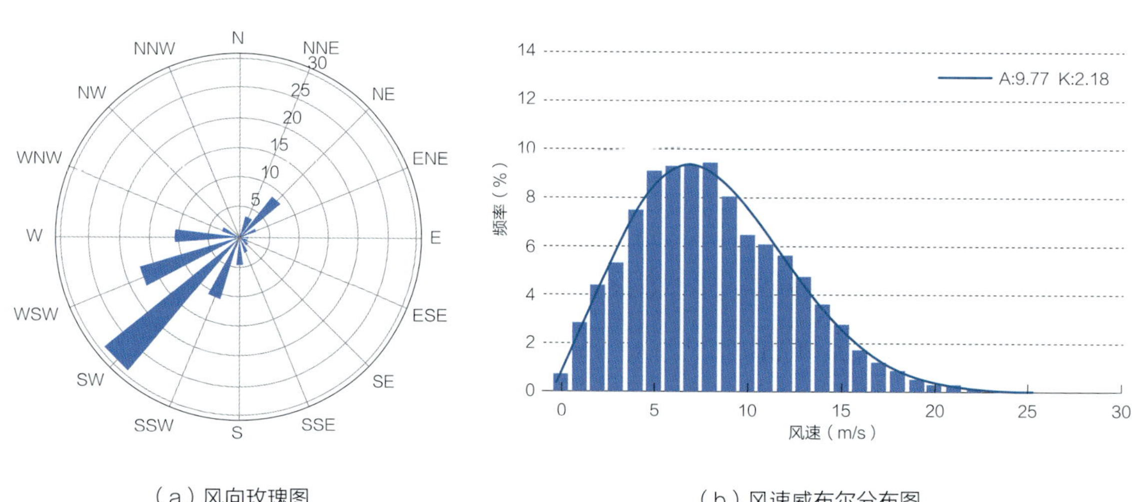

（a）风向玫瑰图　　（b）风速威布尔分布图

图 2-18　兰德风电基地风向玫瑰图和风速威布尔分布图

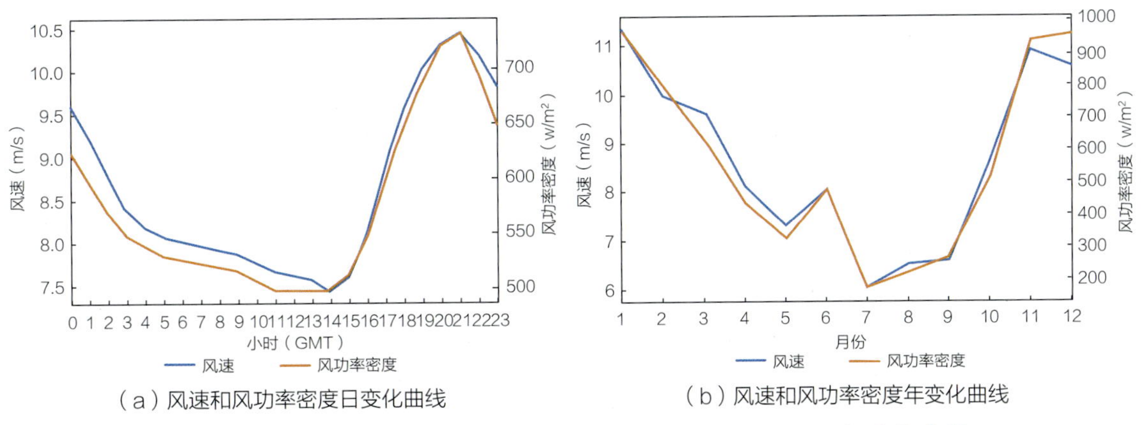

（a）风速和风功率密度日变化曲线

（b）风速和风功率密度年变化曲线

图 2-19 兰德风电基地风速和风功率密度的典型日变化和年变化曲线

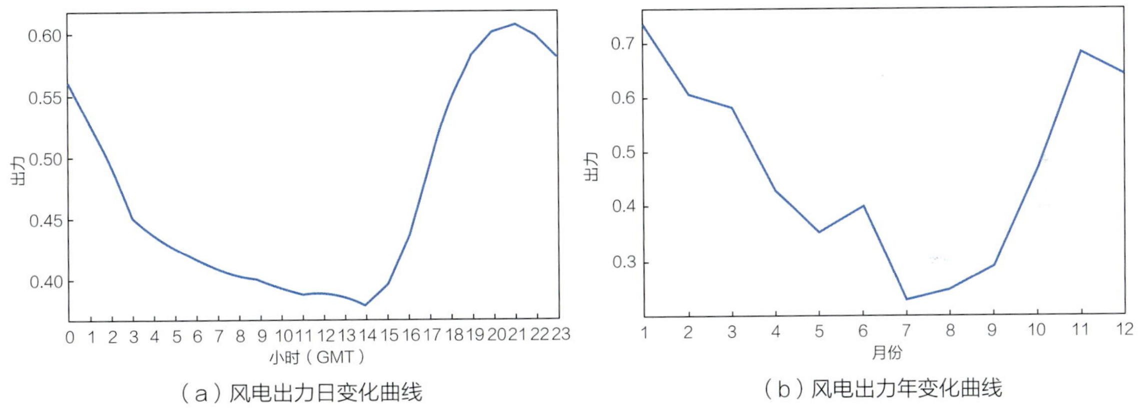

（a）风电出力日变化曲线

（b）风电出力年变化曲线

图 2-20 兰德风电基地典型日出力和年出力曲线

3. 工程设想与经济性分析

基地装机容量 9.01GW，暂按单机容量 3.0MW、叶轮直径 140m 的风机开展风机排布研究。综合考虑风向和地形等条件，并基于中国大型风电场设计经验及相关风机排布原则，采用风电基地宏观选址规划数字化方法，开展风机自动排布。风机排布采用不等间距、梅花型布机方式，即每 2 行（沿主风能方向）分别采用 7、10.5 倍叶轮直径不等间距布置，每 6 行设置一 2.5km 风速恢复带；行内间距（垂直主风能方向）采用 3 倍叶轮直径。按此原则测算，基地内布置风机 3004 台，典型区域布置效果如图 2-21 所示。

按照对陆上风电技术装备 2035 年经济性水平预测，综合考虑交通和电网基础设施条件，基地总投资估算 86.97 亿美元，其中并网及交通成本 6.66 亿美元。风电基地投资匡算见表 2-11。按此测算，基地开发后平均度电成本 3.08 美分 / kWh。基于 6% 内部收益率测算的上网电价 3.9 美分 / kWh。

图 2-21　兰德风电基地部分区域风机布置示意图

表 2-11　兰德风电基地投资匡算表

编号	项目内容	兰德风电基地
1	设备成本（亿美元）	58.22
2	建设成本（亿美元）	17.03
3	其他成本（亿美元）	5.05
4	场外交通及并网成本（亿美元）	6.66
5	单位千瓦投资（美元）	965

2.3.4.2 加拿大克亚诺风电基地

1. 主要开发条件分析

风资源条件。克亚诺（Keyano）风电基地位于加拿大魁北克省（Quebec）西北部，距地面 100m 高度的全年平均风速范围 4.79~12.56m/s，综合平均风速 7.27m/s，区域主导风向 WNW，总体资源条件优越，适宜进行风能资源的规模化开发。风速图谱如图 2-22 所示。

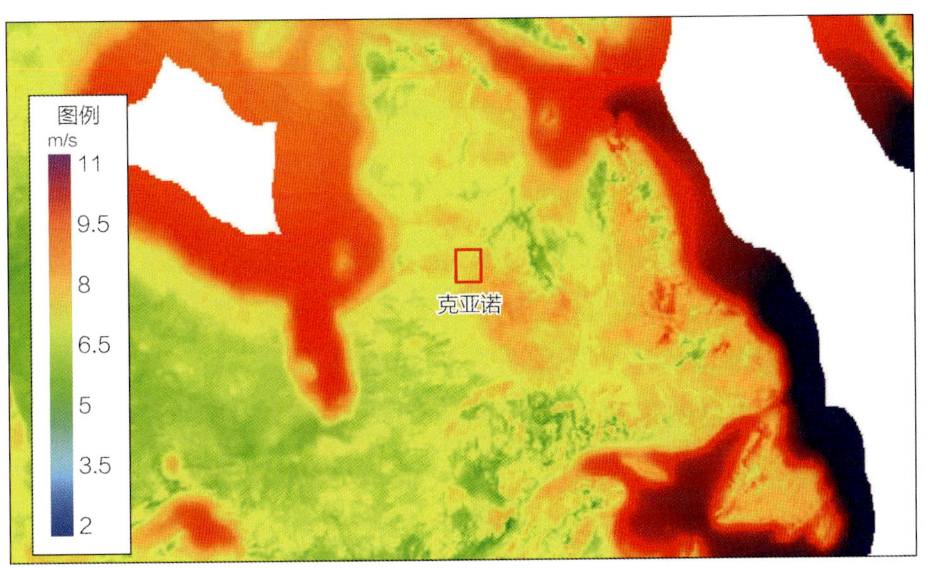

图 2-22　克亚诺风电基地风速分布示意图

地形地貌。区域地处清水河（Clearwater River）和阿萨巴斯卡河（Athabasca River）交汇处，区域内海拔高程范围 320~570.5m，最大坡度 16.5°，基本为山地和低矮丘陵，可以开发大型风电基地。

主要限制性因素。基地占地总面积 5183.31km²，选址及其周边主要限制因素分布的示意图如图 2-23 所示。区域内地物覆盖类型主要为草木植被。区域内无自然保护区等限制性因素，选址主要避让西部 17km 处的自然资源类保护区、东部 5km 处的自然遗迹保护区以及东南部 41km 处的自然遗迹保护区。交通设施方面，东部 586km 处分别有 Nain 机场。场址南部 269km 有铁路通过，虽然东南部 90km 有一条普通公路，但距离最近的主干公路约 400km，场址交通条件较差，需要建设大量的场外交通设施，才能支撑项目开发。电网电源方面，基地南部 102km 有 1 条 300kV 交流输电通道，接入电网条件较好。

图 2-23　克亚诺风电基地选址示意图

基地范围内变质岩和酸性深成岩主要发育，东北部 179km 处阶梯式断层分布，东部 216km 处逆冲断层分布，距离最近的存在历史地震记录的地区约 773km，地质结构稳定。基地岩层分布及地震情况示意如图 2-24 所示。区域内无大型城镇等人类活动密集区，距离最近人口密集区域（3.5 万 /km^2）超过 100km，距离基地最近的大型城市为本特克里克（Burntcreek）。

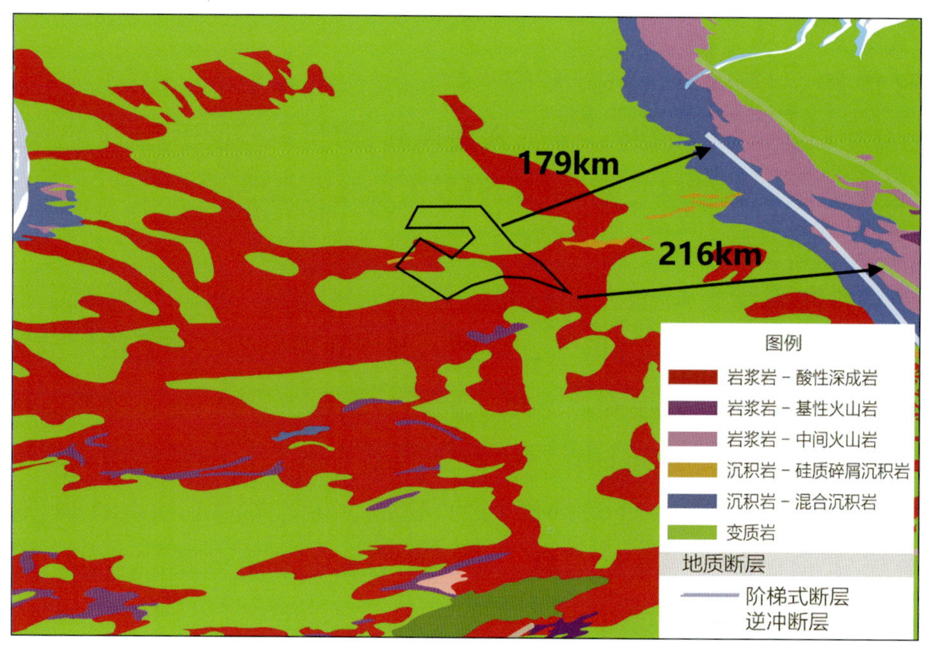

图 2-24　克亚诺风电基地岩层分布及地质情况示意图

2. 开发规模与资源特性

经测算，基地风能资源理论蕴藏总量为121.76TWh/a。装机规模10.03GW，年发电量31561GWh，利用小时数3147。基地风能年发电量的地理区域分布示意见图2-25（a），基地装机密度比较均匀；基地8760逐小时出力系数热力分布见图2-25（b），其横坐标代表24小时，纵坐标代表365天，反映了8760小时风电出力随时间变化的规律。

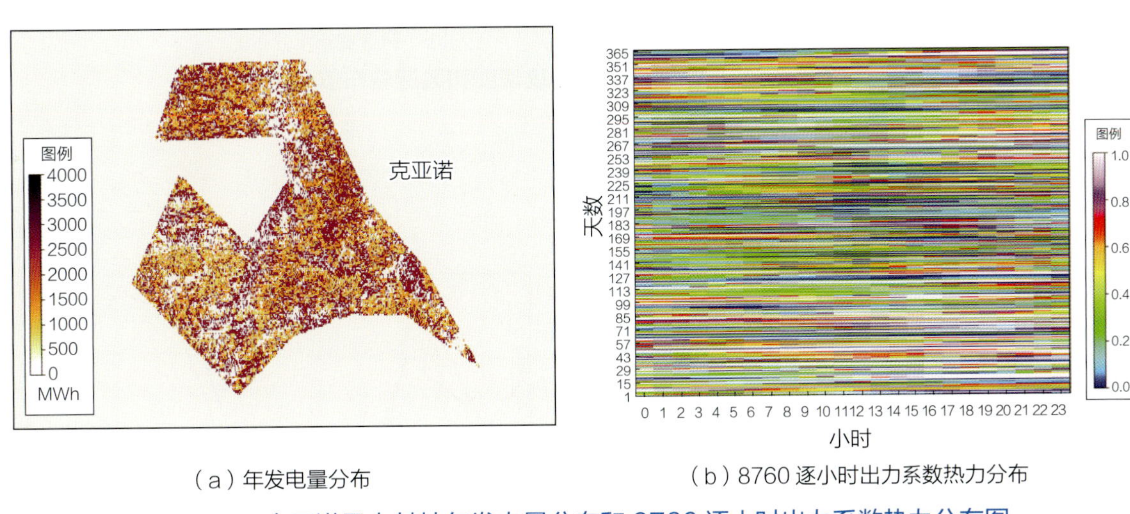

（a）年发电量分布　　（b）8760逐小时出力系数热力分布

图2-25　克亚诺风电基地年发电量分布和8760逐小时出力系数热力分布图

选择代表点对基地发电特性进行分析。基地的风向玫瑰图和风速威布尔分布图如图2-26所示，风速和风功率的典型日变化和年变化曲线如图2-27所示，对应风能发电出力的典型日变化和年变化曲线如图2-28所示。从风频分布来看，主要风速分布集中在6~9m/s。从日变化来看，大风时段主要集中在15—23点（世界标准时间，下同。折算到加拿大当地时间为10—18点），中风速时段为5—9点，小风时段主要集中在0—4点；全年9月至次年4月风速大，发电能力强，5—8月风速小，发电能力低。

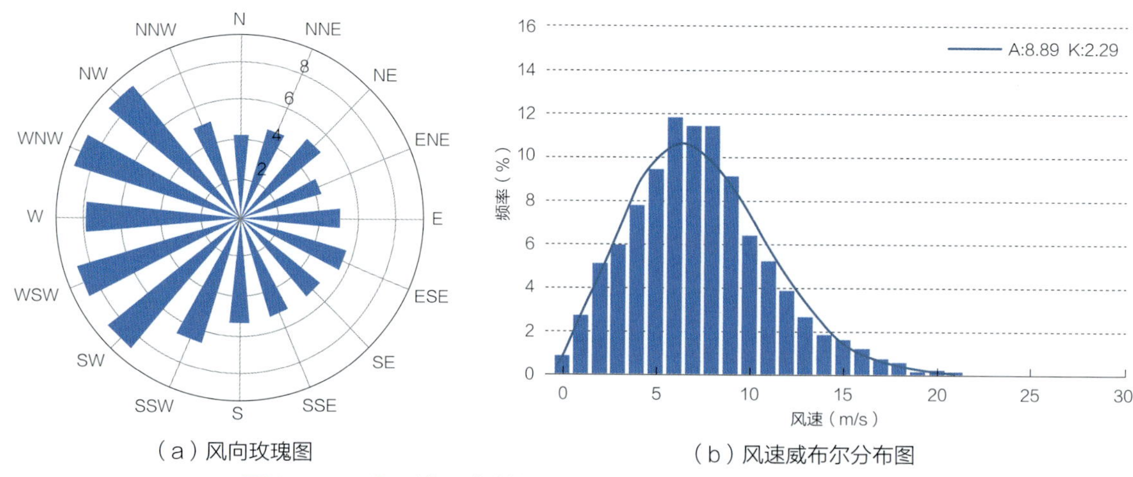

（a）风向玫瑰图

（b）风速威布尔分布图

图 2-26　克亚诺风电基地风向玫瑰图和风速威布尔分布图

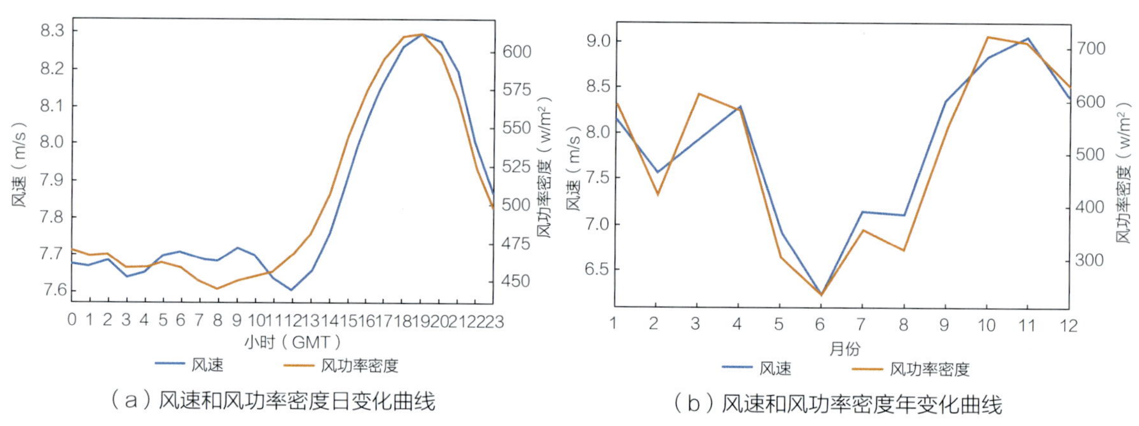

（a）风速和风功率密度日变化曲线

（b）风速和风功率密度年变化曲线

图 2-27　克亚诺风电基地风速和风功率密度的典型日变化和年变化曲线

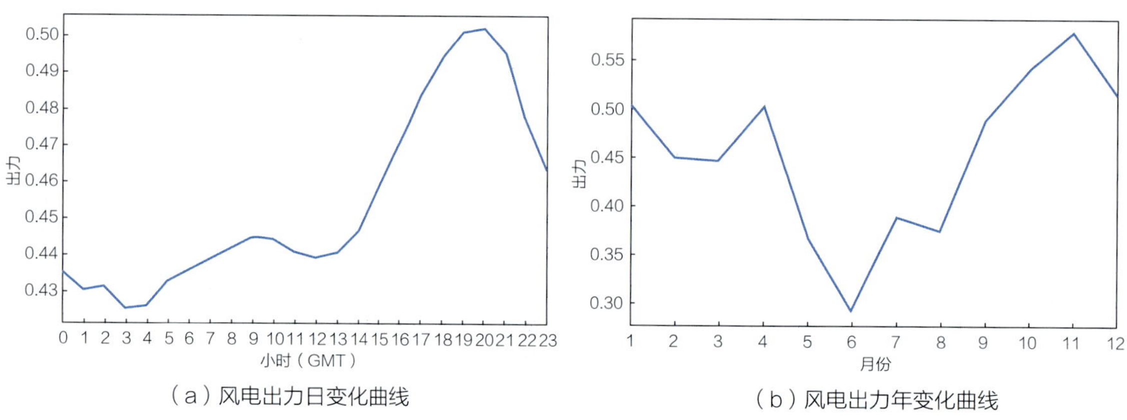

（a）风电出力日变化曲线

（b）风电出力年变化曲线

图 2-28　克亚诺风电基地典型日出力和年出力曲线

3. 工程设想与经济性分析

基地装机容量 10.03GW，暂按单机容量 3.0MW、叶轮直径 140m 的风机开展风机排布研究。风机排布采用不等间距、梅花形布机方式，即每 2 行（沿主风能方向）分别采用 9、14 倍叶轮直径不等间距布置，每 6 行设置一 2.7km 风速恢复带；行内间距（垂直主风能方向）采用3.5倍叶轮直径。按此原则测算，基地内布置风机 3344 台，典型区域布置效果如图 2-29 所示。

图 2-29 克亚诺风电基地部分区域风机布置示意图

按照对陆上风电技术装备 2035 年经济性水平预测，综合考虑交通和电网基础设施条件，克亚诺风电基地总投资估算 159.14 亿美元，其中并网及交通成本 80.51 亿美元，投资匡算见表 2-12。按此测算，基地开发后平均度电成本 5.83 美分 / kWh。基于 10% 内部收益率测算的上网电价 6.92 美分 / kWh。

表 2-12　克亚诺风电基地投资匡算表

编号	项目内容	克亚诺风电基地
1	设备成本（亿美元）	57.00
2	建设成本（亿美元）	16.67
3	其他成本（亿美元）	4.94
4	场外交通及并网成本（亿美元）	80.51
5	单位千瓦投资（美元）	1804.3

3 太阳能资源评估与开发

北美洲太阳能资源优良，开发潜力较大。本报告对北美洲进行了评估，测算得出太阳能光伏资源理论蕴藏总量约24551.9PWh/a，适宜集中开发的装机规模约114.1TW，主要分布在北美洲西南部的太平洋沿岸地区，即美国西南部和墨西哥大部分地区，年发电量203.3PWh。综合考虑资源特性和开发条件，采用数字化平台，开展了美国米德兰、布法罗、锡拉丘兹等10个大型光伏基地的选址方案研究，提出了主要技术和经济性指标，总装机规模105.31GW。

3.1 方法与数据

太阳能是太阳以电磁波辐射形式投射到地球的能量，包括直接辐射和散射辐射。太阳能水平面总辐射量（Global Horizontal Irradiance，GHI）是指在给定时间段内水平面总辐照度的积分总和，是影响光伏发电能力的主要因素。资源评估所需基础数据主要包括资源类数据、地理信息类数据以及人类活动和经济性资料等。

本报告选用理论蕴藏量、技术可开发量和经济可开发量3个指标开展太阳能资源的评估测算。

3.1.1 资源评估方法

太阳能光伏发电的理论蕴藏量是指评估区域内地表接收到的太阳能完全转化为电能的能量总和（不考虑发电转化效率），单位为kWh。光伏发电理论蕴藏量数字化评估是将选择区域内每个格点面积与该格点对应的太阳水平面总辐射量乘积并累加。

太阳能光伏技术可开发量是指在评估年份技术水平下，剔除因地形、海拔、土地利用及辐射资源水平限制后，区域内可利用面积上的装机容量总和，单位为千瓦。评估分析主要包括可用面积计算、装机面积计算、装机密度计算3个关键环节，评估流程如图3-1所示。具体上，光伏技术可开发量评估测算的关键在于剔除不宜开发光伏土地面积。一方面，选定区域扣除光伏不宜开发土地面积，得到光伏开发可利用面积，设定适宜开发光伏土地类型的土地利用系数，得到有效装机面积；另一方面，根据当前技术条件下光伏发电组件的设备参数和最佳排布原则，计算单位面积上的光伏发电设备排布方阵的总功率，得出装机密度。计算各格点有效装机面积与装机密度乘积的累加即为太阳能光伏技术可开发量。

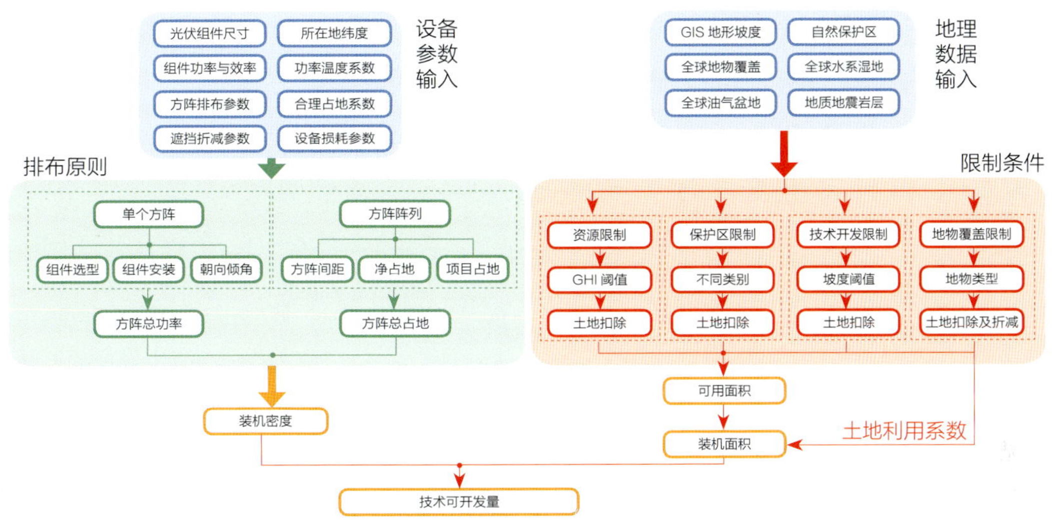

图 3-1 太阳能光伏技术可开发量评估流程

在装机容量测算的基础上，考虑遮挡、设备损耗以及气温等因素造成的光伏发电出力损失，计算光伏逐小时发电功率，进而计算得到发电量。

太阳能经济可开发量是指在评估年份技术水平下，技术可开发装机中与当地平均上网电价或其他可替代电力价格相比具有竞争优势的光伏装机总量，单位为千瓦。与风电类似，光伏发电经济性评估同样采用了平准化度电成本测算法，主要包含选定待评估地区、确定技术参数、确定成本参数、确定财务参数、确定政策参数、计算度电成本、经济性判断和结果计算等 8 个主要流程，其基本框架与风电经济性评估相同，如图 2-2 所示。结合光伏发电技术特点，报告设定不同的技术参数以及成本参数，实现太阳能光伏资源经济可开发量评估。

光伏开发经济性分析中，基地的建设投资除了设备成本、建设成本（不含场外道路）、运维成本等外，与风电相似，同样需要重点计算并网成本和场外交通成本。光伏资源开发的并网成本测算方法与风电类似，如图 2-3 所示。光伏资源开发的场外交通成本采用了交通成本因子法，计算待开发格点的最短公路运距，结合不同地区场外运输道路平均单位里程成本，量化测算每个格点待开发资源量的场外交通成本影响。

3.1.2　宏观选址方法

光伏电站选址研究应贯彻统筹规划、综合平衡、合理开发的原则。与风电选址研究类似，太阳能光伏发电基地的数字化选址主要流程分为太阳辐射量计算、开发条件分析、数字化选址、电站主要技术参数计算、阵列排布、发电量与度电成本估算等，宏观选址流程图如图 3-2 所示。

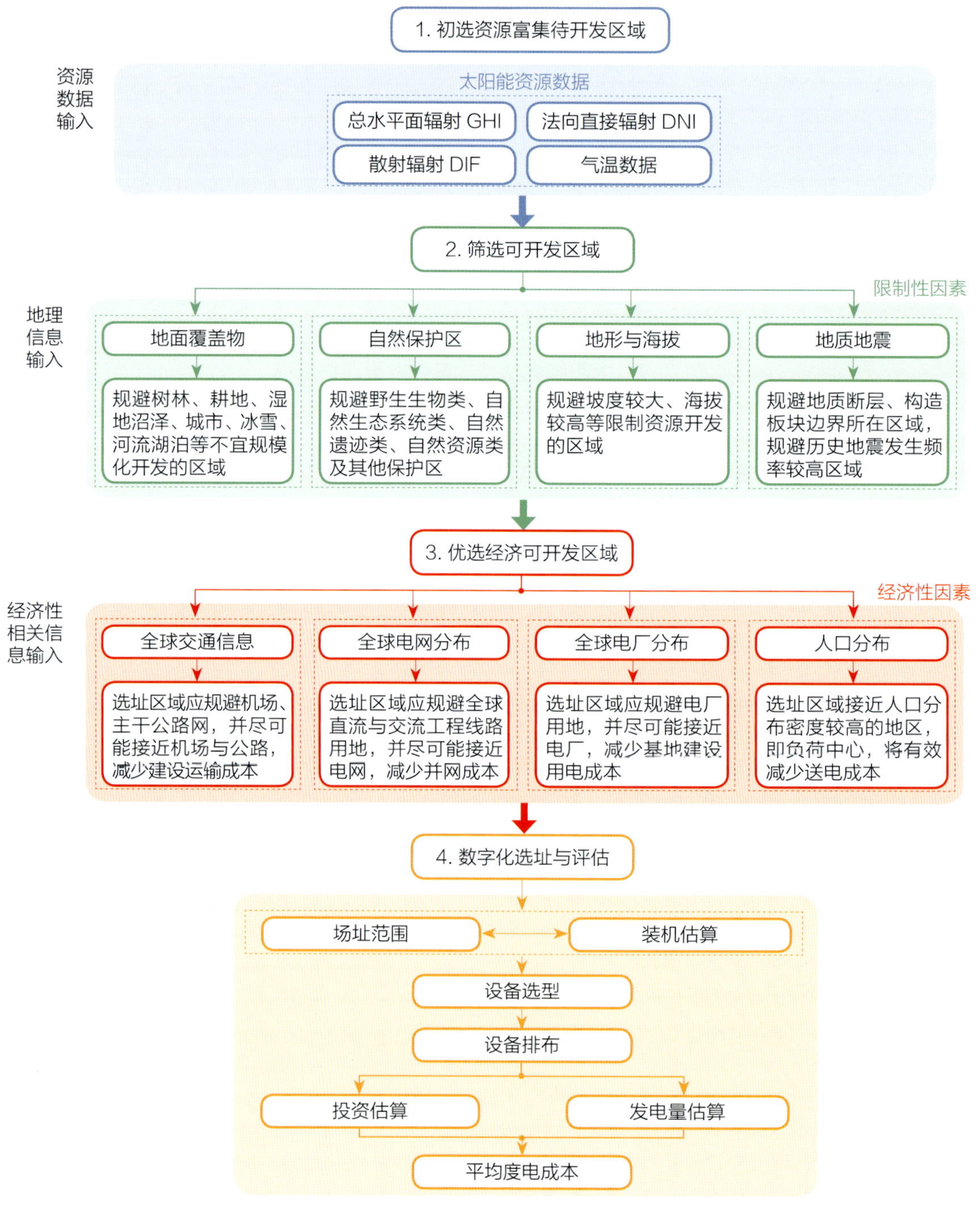

图 3-2　光伏电场宏观选址流程示意图

具体的，开展光伏选址研究需充分了解区域的太阳能资源状况，通过分析太阳能资源的时间与空间特性，寻找适宜建站的区域，再基于地理信息技术的规划方法，以地形、太阳辐射数据和地理数据为基础，利用空间分析工具筛选适宜的开发用地，详细考虑地形地貌、保护区、土地利用、林业以及工程安全等限制性因素，选取没有或较少限制性因素、工程建设条件好的区域作为选址区域。在获得可开发区域初选的基础上，根据电站设备选型计算阵列最佳倾角与间距，评估光伏发电的技术可开发量，开展光伏组件自动化排布，计算得到电站装机容量、发电量、年利用小时数、出力特性等技术参数，并结合初选场址的并网条件、外部交通条件开展经济性测算分析，获得经济可开发量评估、匡算投资以及平均度电成本。

3.1.3　基础数据与参数

3.1.3.1　基础数据

为实现数字化太阳能资源评估，报告建立了资源类、地理信息类、人类活动和经济性资料等 3 类 16 项覆盖全球范围的资源评估基础数据库。

其中，太阳能资源数据采用了 SolarGIS 计算生产的全球太阳能气象资源据[1]，包括水平面总辐射量、法向直接辐射量、温度等，时间分辨率为典型年的逐小时数据，覆盖北纬 60° —南纬 55° 区域，空间分辨率为 9km × 9km，其他的关键基础数据介绍见表 3-1。

表 3-1　全球太阳能资源和地理信息基础数据

序号	数据名称	空间分辨率	数据类型
1	全球太阳能资源数据	9 km × 9 km	栅格数据
2	全球地面覆盖物分类信息	30m × 30m	栅格数据
3	全球主要保护区分布	—	矢量数据
4	全球主要水库分布	—	矢量数据
5	全球湖泊和湿地分布	1 km × 1 km	栅格数据
6	全球主要断层分布	—	矢量数据

[1] 资料来源：Solargis Solar Resource Database Description and Accuracy, 2016 October.

续表

序号	数据名称	空间分辨率	数据类型
7	全球板块边界分布 空间范围：南纬 66° —北纬 87°	—	矢量数据
8	全球历史地震频度分布	5km × 5km	栅格数据
9	全球主要岩层分布	—	矢量数据
10	全球地形卫星图片	0.5m × 0.5m	栅格数据
11	全球地理高程数据 空间范围：南纬 83° —北纬 83° 间陆地	30m × 30m	栅格数据
12	全球海洋边界数据	—	矢量数据
13	全球人口分布	900m × 900m	栅格数据
14	全球交通基础设施分布	—	矢量数据
15	全球电网地理接线图	—	矢量数据
16	全球电厂信息及地理分布	—	矢量数据

注：2~16 项数据来源同表 1-1。

3.1.3.2 计算参数

报告重点关注并评估北美洲范围内适宜集中式开发的太阳能光伏资源，将低辐照区域、保护区、森林、耕地和城市等区域作为不适宜集中式开发的区域排除在外。

1. 技术指标测算参数

结合工程建设实践，一般认为水平面年总辐射量（GHI）低于 1000kWh/m^2 的区域，光照条件不理想，开发经济性差，不宜进行集中式光伏开发。海拔超过 4500m 的高原地区多有冰川、常年冻土等分布，影响工程建设，光伏开发技术难度大、经济性差；同时高原生态脆弱，大型工程建设后的地表植被恢复困难。地形坡度大于 30° 的区域，在目前技术水平下开发难度大、经济性差，排除在开发范围外。野生动物、自然环境、风景名胜等各类保护区，森林、耕地、湿地沼泽、城市、永久冰川等地面覆盖物类型的区域不宜集中式开发。对于适宜集中式开发的灌丛、草本植被以及裸露地表等 3 种区域类型，结合光伏发电技术特点以及当前设备水平，分别设置了利用系数。具体技术指标和参数见下表，按此推荐参数计算得到的结果是评估范围内适宜集中开发的光伏技术可装机规模，报告后文也简称为“技术可开发量”。

表 3-2 全球太阳能资源评估模型采用的主要技术指标和参数

类型	限制因素	阈值	参数（%）
资源限制	GHI	$> 1MWh/m^2$	—
技术开发限制	陆地海拔	$<$ 4500m	—
保护区限制	自然生态系统	不宜开发	0
	野生生物类	不宜开发	0
	自然遗迹类	不宜开发	0
	自然资源类	不宜开发	0
	其他保护区	不宜开发	0
地面覆盖物限制	树林	不宜开发	0
	耕地	不宜开发	0
	湿地沼泽	不宜开发	0
	城市	不宜开发	0
	冰雪	不宜开发	0
	灌丛	适宜开发	50
	草本植被	适宜开发	80
	裸露地表	适宜开发	100
地形坡度限制	>30°	不宜开发	0

2. 经济性指标测算参数

与风电开发相似，研究同样采用平准化度电成本法建立了一种适用于光伏资源经济可开发量的计算模型，以及光伏开发投资水平预测模型。基于多元线性回归预测法与神经元网络关联度分析法，结合北美洲发展水平以及光伏技术装备与非技术类投资成本的预测结果，提出了 2035 年北美洲光伏综合初始投资的组成及其推荐取值，并给出了财务参数推荐取值，并网成本参数与风电开发相同，详情见表 3-3 和表 3-4。其中，场外交通成本按照中国工程经验，综合山地、平原、二级公路建设费用水平进行测算；并网成本参照中国超高压交流、直流输电工程造价水平进行测算。

表 3-3　北美洲 2035 年光伏开发初始投资组成与推荐取值

单位：美元 / kW

序号	投资组成	总造价
1	设备及安装	459 ~ 506
1.1	设备费	331 ~ 365
1.2	安装费	128 ~ 141
2	建筑工程	8 ~ 9
3	其他	13 ~ 14
总计		480 ~ 529

表 3-4　北美洲 2035 年光伏发电经济性计算的财务参数推荐取值

序号	投资组成	集中式开发推荐取值
1	贷款年限	7 年
2	贷款比例	70%
3	贷款利率	3%
4	贴现率	2%
5	建设年限	1 年
6	运行年限	20 年
7	残值比例	0%
8	运维占比	1.5%
9	场外交通	1000 美元 / km

3.2 资源评估

太阳辐照强度、地面覆盖物、保护区分布影响区域集中开发利用太阳能的可行性，公路、电网等基础设施条件影响区域太阳能开发的经济性水平。报告基于覆盖北美洲的数据、信息，采用统一指标和参数完成了北美洲太阳能资源评估研究。

3.2.1 水平面总辐射量分布

报告采用 SolarGIS 计算生产的太阳能资源数据开展光伏资源评估测算，资源数据包括：水平面总辐射量、法向直接辐射量和温度等。北美洲蕴藏着较大的太阳能开发潜力，其太阳能水平面总辐射量分布情况如图 3-3 所示。北美洲南部太平洋沿岸地区的美国、墨西哥、库拉索（荷）等国家和地区的太阳能资源条件优异，区域内平均年水平面总辐射量在 $2MWh/m^2$ 以上，利于开发大型光伏基地。

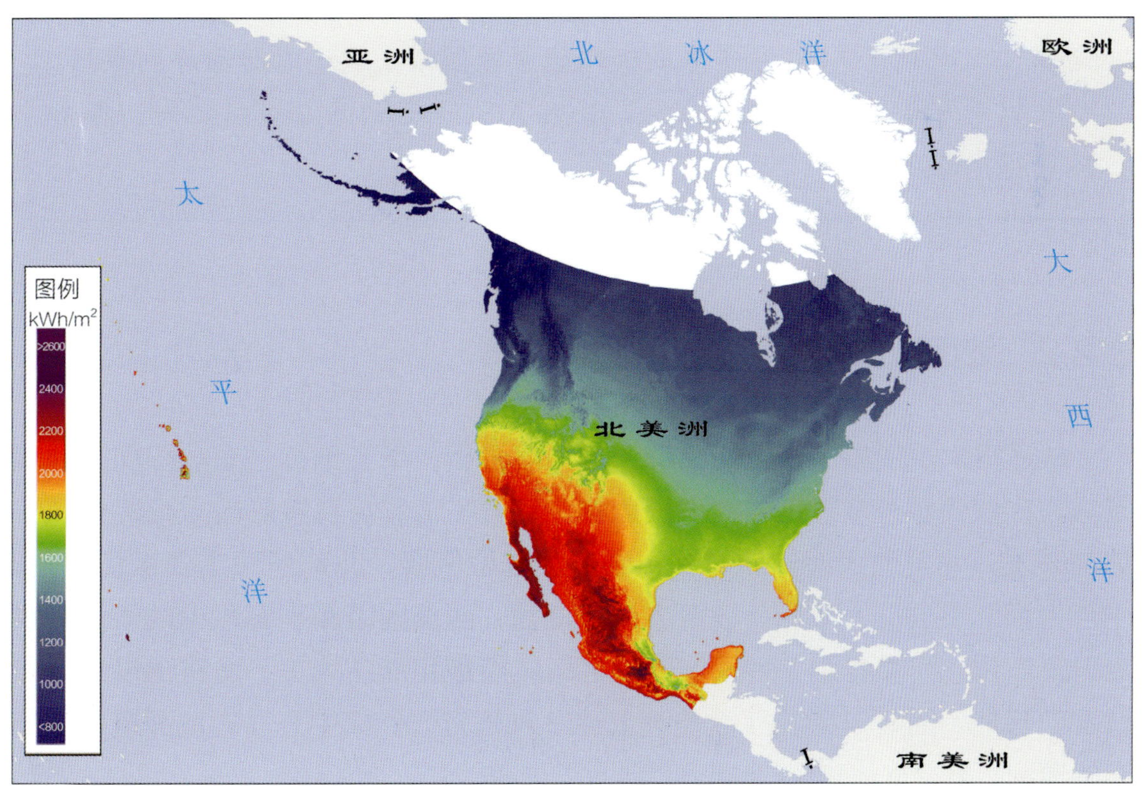

图 3-3 北美洲太阳能水平面总辐射量分布示意图

专栏 3-1　全球太阳能资源数据

获取一个地区太阳能资源数据最简单、最准确的方法就是利用地面辐射观测资料，然而地面观测站点数量有限且空间分布不均匀，无法完全满足太阳能资源精细化评估需求。因此，当前全球太阳能资源数据获取以基于卫星遥感资料的物理反演方法为主，并采用高质量的地面辐射观测数据对评估结果进行校准，有效提高数据时空分辨率和精确度。欧洲 GeoModel Solar 公司采用了卫星遥感数据结合辐射传输模拟方法，利用卫星遥感、GIS 地理信息技术和先进的科学算法开展太阳辐射反演模拟计算。基于卫星数据、气象模式再分析数据、地理信息数据并结合地面观测数据，建立了包含一系列高分辨率气象要素的 SolarGIS 数据库，其中，太阳辐射数据包含水平面总辐射 GHI，法向直接辐射 DNI 和散射辐射 DIF。经过对比验证，GHI 数据与地面实测数据对比的误差度在 ±4%—±8% 之间，在高空间分辨率、高品质地面测量、高时间分辨率数据处理算法等方面，该数据产品处于全球先进水平。报告采用的是 SolarGIS 公司生产的全球陆地主要太阳能资源开发区域（北纬 60° —南纬 55° 之间）9 km 分辨率的太阳能资源图谱及逐小时时间序列数据，该数据也是世界银行 World Bank Solar Atlas 平台的基础数据之一，在全球获得广泛应用。

3.2.2　地面覆盖物

从适宜大规模集中开发的土地资源角度分析，草本植被、灌丛和裸露地表是适宜光伏资源开发的主要地表覆盖物，其分布情况将直接影响太阳能资源评估与开发。北美洲大部分地区属于温带大陆型气候，北部多草本植被和灌丛，中部为南北贯通的大草原，被草本植被覆盖，西部地区属于高原山地气候和热带沙漠气候，干旱少雨，地面覆盖物亿草本植被和灌丛为主，适宜建设大型光伏发电基地。图 3-4 给出了北美洲上述 3 种适宜光伏集中开发的地面覆盖物分布的情况。

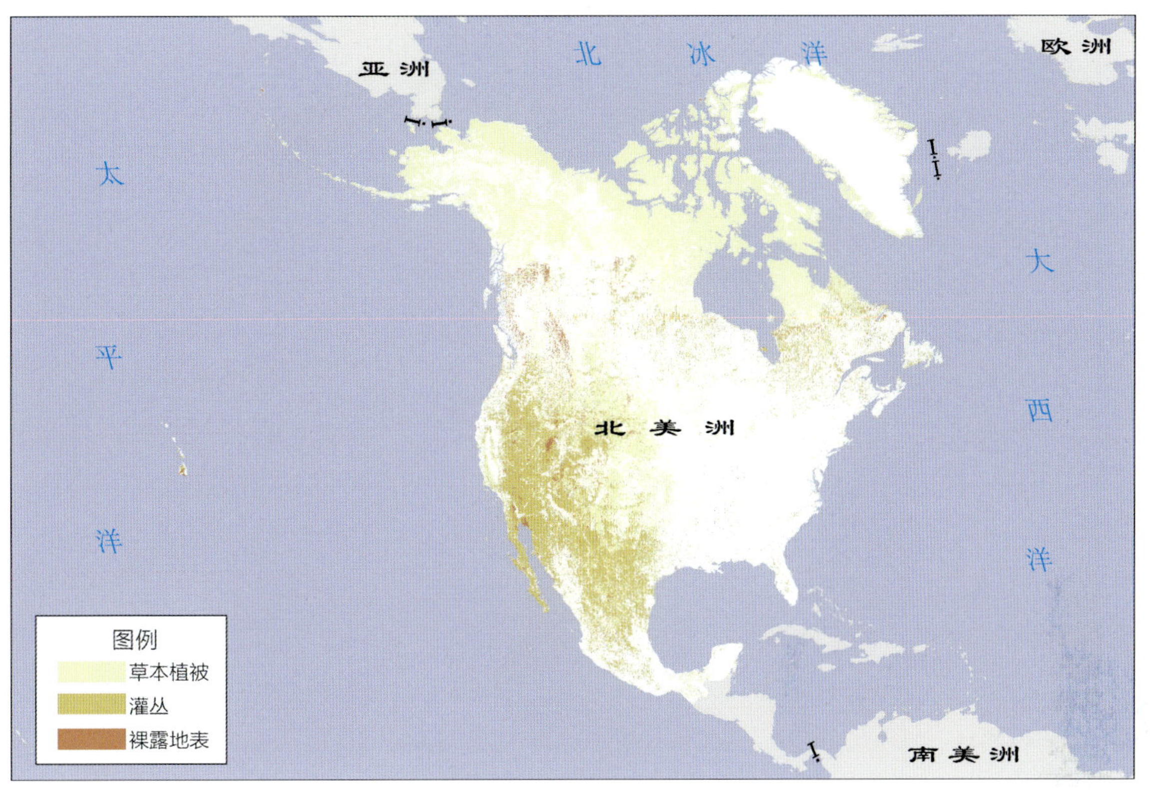

图 3-4 北美洲草本植被、灌丛与裸露地表分布情况示意图

3.2.3 地形分布

地形条件对光伏等新能源资源开发有较大影响，主要包括海拔和地形坡度两个方面。

海拔方面，高海拔地区大气散射作用减弱，有利于光伏发电，但是 4500m 以上高原地区多有冰川、常年冻土等分布，影响工程建设；同时高原生态脆弱，大型工程建设后的地表植被恢复困难。北美洲高原地区海拔主要在 2000m 以内，影响集中式光伏开发的高海拔区域面积很小，北美洲海拔高程分布如图 3-5 所示。

地形方面，地面的坡向和坡度将影响光伏发电装置布置的角度和间距，从而影响单位面积可获得的发电量。采用全球数字高程模型，对全球格点计算坡向（0—360°）和坡度（0—90°），结合格点经纬度坐标，形成光伏发电装置倾角和间距计算的重要输入参数。图 3-6 给出了北美洲地形坡度分布示意图。总体来看，北美洲坡度低于 1.5° 的区域约占总面积的 40%；坡度超过 30° 的陡峭山区分布较少。

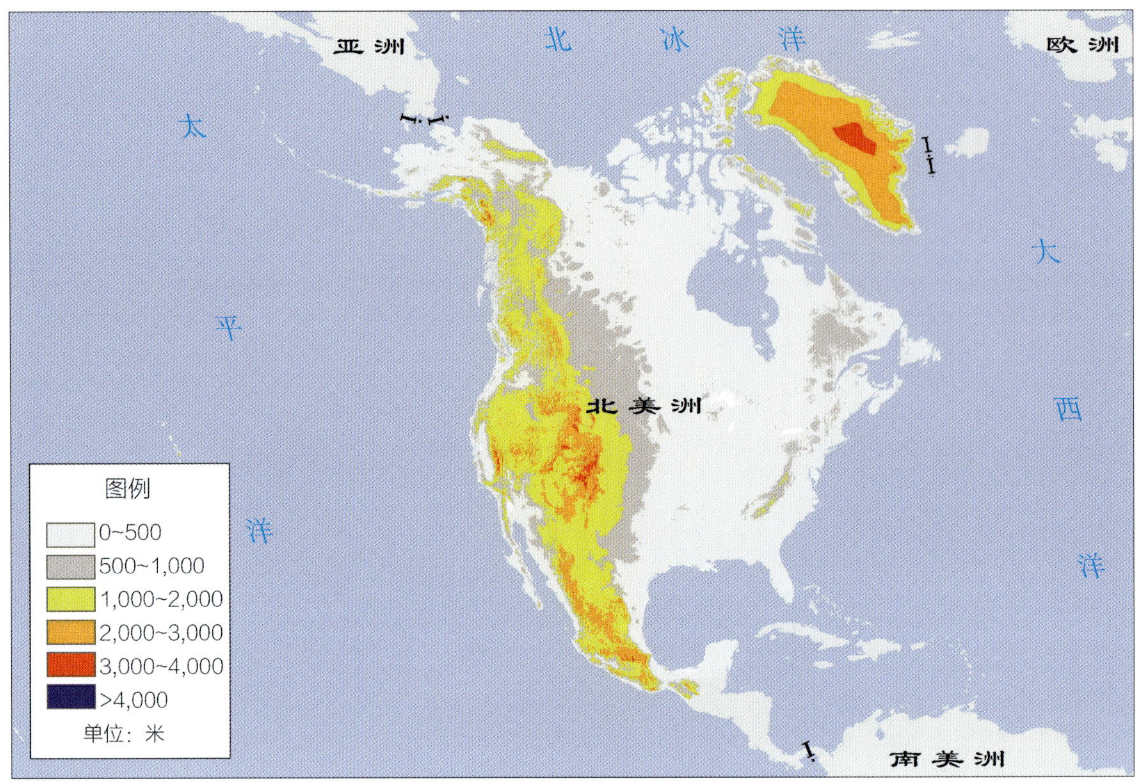

图 3-5　北美洲海拔高程分布示意图

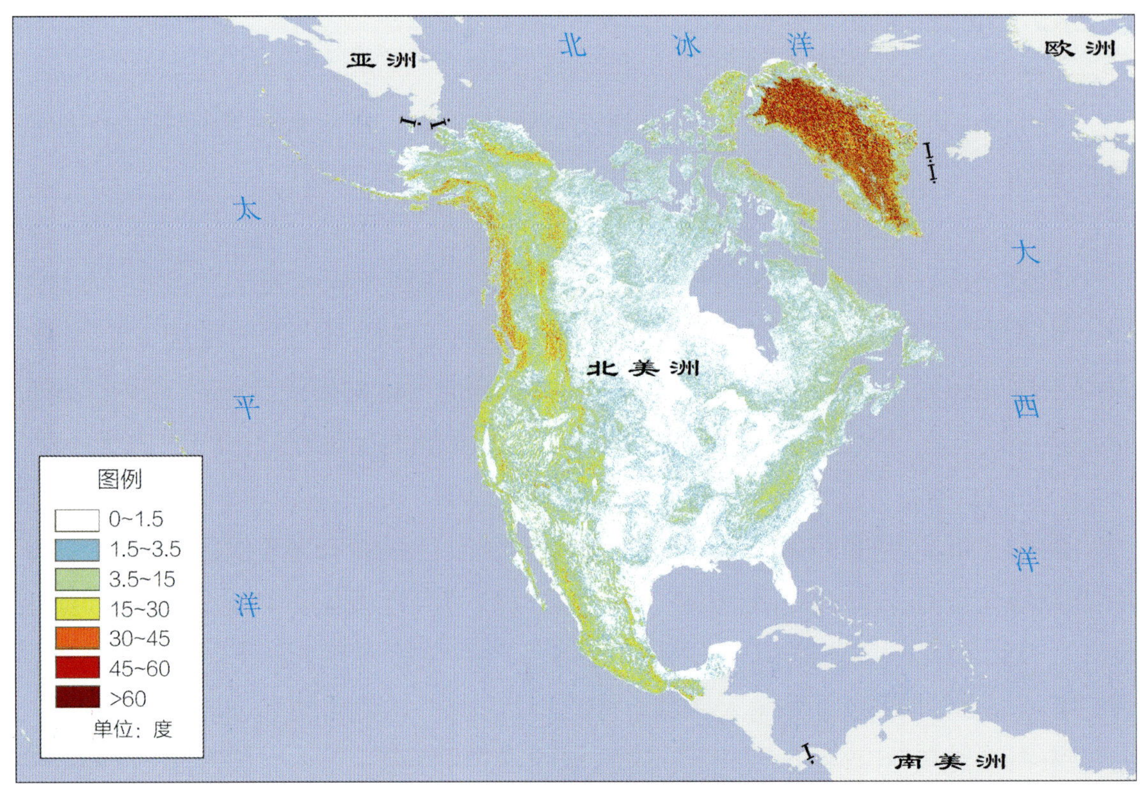

图 3-6　北美洲地形坡度分布示意图

专栏 3-2 北美洲的矿产和化石资源

北美洲的矿产和化石能源存储量非常丰富。

北美洲矿产资源储量巨大。北美矿产资源具有埋藏浅、分布集中、开采条件好的特点。美国铁、铜、铅、锌、磷酸盐、钾盐等矿物储量均居世界前列，其中铜矿已探明储量 9200 万 t，居世界第二位；铅矿已探明储量 5352 万 t，居世界首位；其他矿产钼、钒、钨、金、银、铀、硼等在世界储量中占较大比例。加拿大钾储量 42 亿 t，居世界第一，占世界储量的 23.3%；钨储量 29 万 t，居世界第二；铀储量世界第三，铂、金铁矿石、锌、镍等储量也居世界前列。墨西哥是世界上第一大产银国和主要铅生产国之一，2017 年铅产量 16.6 万 t，出口额 12.7 亿美元，其他矿产诸如金、镉、钼、锌和铜产量均居世界前列。

北美洲化石能源储量大，主要分布在美国。北美洲煤炭资源丰富，已探明储量 2580 亿 t，占全球 24.4%，储采比 342，其中 95% 以上集中在美国。石油资源较丰富，已探明储量约 355 亿 t，仅次于中东地区和中南美洲，占全球 14.1%，其中 76% 以上集中在加拿大。常规天然气资源较少，已探明储量约 14 万亿 m^3，占全球 7%，其中 85% 集中在美国。北美洲页岩油、页岩气等常规油气资源非常丰富，主要分布在美国。

3.2.4 评估结果

1. 理论蕴藏量评估

根据太阳能水平面总辐射量数据测算，北美洲太阳能光伏资源理论蕴藏量 24551.9PWh/a，占全球总量的 12%，北美洲西部、南部的部分地区是全球最具有光伏资源开发潜力的区域之一。

2. 技术可开发量评估

综合考虑资源和各类技术限制条件后，经评估测算，北美洲太阳能光伏适宜集中开发的规模 114.1TW，年发电量高达 203.3PWh。

从分布上看，北美洲光伏资源主要集中在西南部太平洋沿岸地区，即美国西南部和墨西哥大部分地区，占全洲总量的 60% 以上。上述大部分地区海拔在 2000m 以下，主要是灌丛和少量裸露地表，除美国加利福尼亚州和墨西哥北下加利福尼亚州、南下加利福尼亚州、索诺拉州的保护区之外，绝大部分地区非常适合建设大型光伏基地。北美洲北部和东部的大部分地区，光伏利用小时数在 1000 小时以下，集中式开发光伏资源的条件差；美国中部和北部部分地区虽然部分地区太阳能资源条件较好，但人口密集，大部分区域有城市和耕地分布，建设集中式光伏基地时需要规避。

与风电技术指标相似，采用单位国土面积的年发电量与装机容量的比值，即装机利用小时数（容量因子，Capacity Factor）能够反映区域光伏资源技术开发条件的优劣。北美洲光伏技术可开发区域及其利用小时分布示意图如图 3-7 所示。

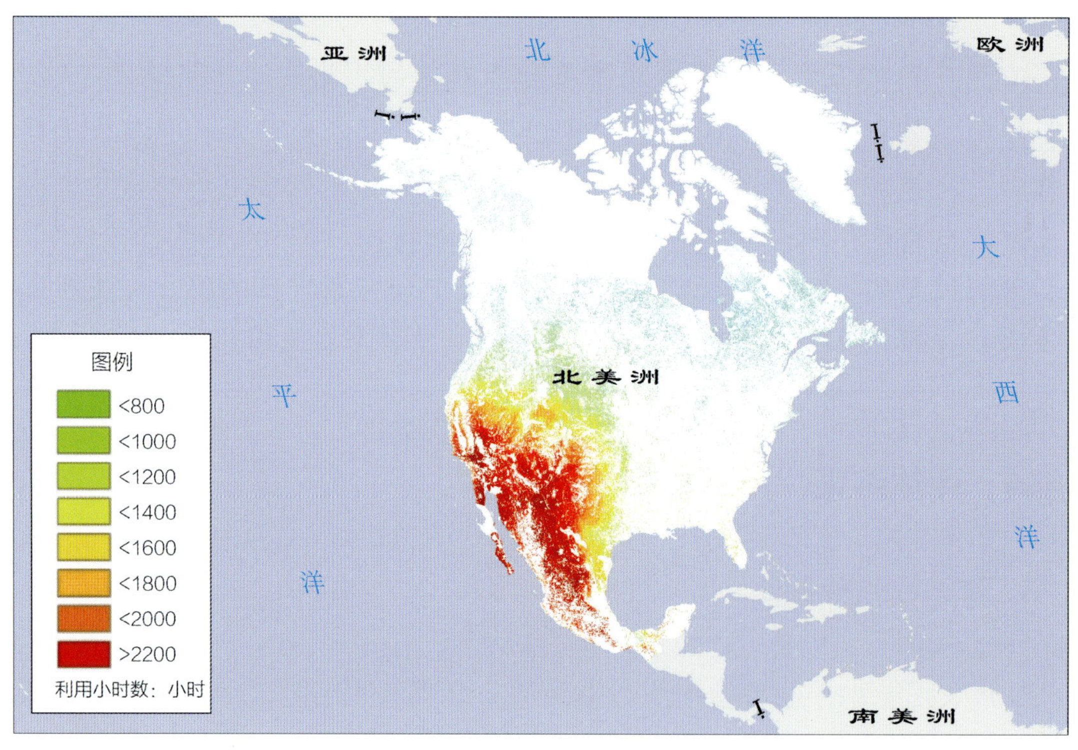

图 3-7　北美洲光伏技术可开发区域及其利用小时分布示意图

从技术指标来看，全洲光伏技术可开发装机的平均利用小时约 1486 小时（平均容量因子约 0.17），其中库拉索（荷）和墨西哥全境、美国西南部的太平洋沿岸地区，光伏利用小时在 1800~2200 小时左右，开发条件优越，最大值出现在墨西哥西部北下加利福尼亚州（Baja California）的圣费尔南多（Sanfernando）东部，超过 2200 小时。

3. 开发成本评估

按照对光伏技术装备 2035 年经济性水平预测，综合考虑交通和电网基础设施条件，北美洲集中式光伏的平均开发成本[1]为2.57美分，各国的平均开发成本为2.27~4.78 美分。按照当前全球约 8 美分的平均电价水平评估[2]，北美洲近乎全部的技术可开发装机满足经济性要求。按照全球 3.5 美分光伏平均开发成本评估，北美洲 2035 年造价水平下的光伏经济可开发规模约 104.8TW，技术可开发量占比约 92%。

北美洲光伏资源开发成本分布示意图如图 3-8 所示。美国西部和南部、墨西哥北部和南部的部分地区开发成本较低。

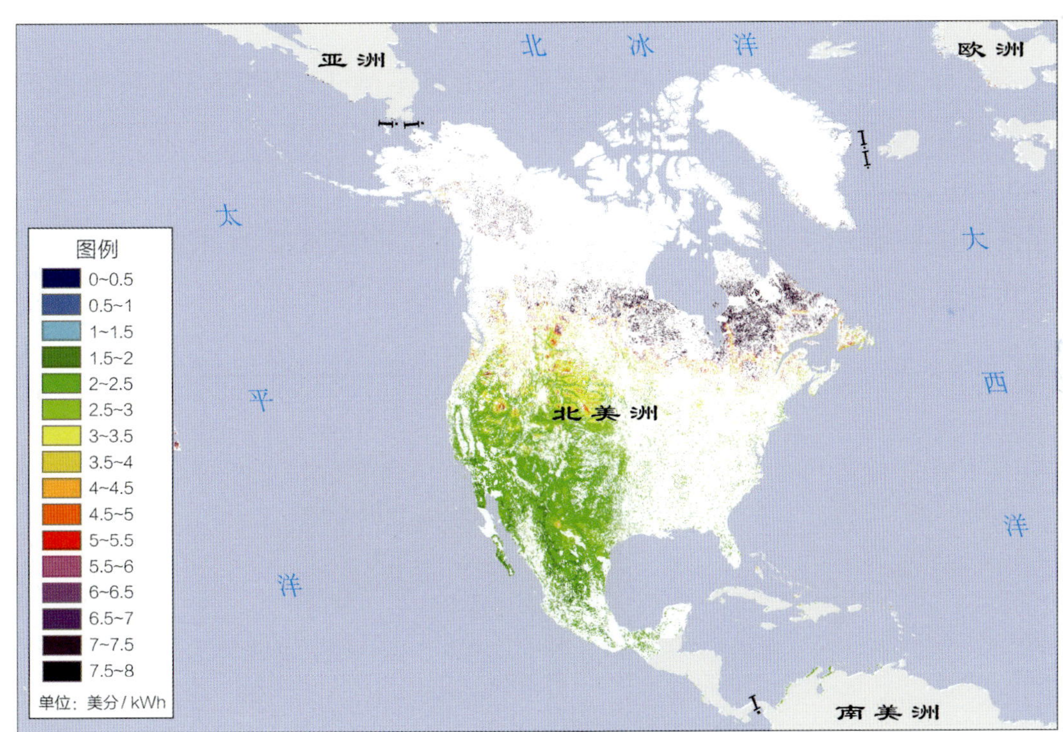

图 3-8　北美洲光伏开发成本分布示意图

从经济性指标来看，资源条件优异，同时交通、电网基础设施条件相对较好的国家和地区光伏开发成本相对较低，经济性更好。整体而言，全部国家和地区的最高开发成本低于 8 美分，标志着北美洲局部地区具备良好的大规模开

[1] 北美洲集中式光伏的平均开发成本为洲内各国家平均开发成本及其年发电量的加权平均值。

[2] 资料来源：可再生能源发电价格参考国际可再生能源署（IRENA）的报告《RENEWABLE POWER GENERATION COSTS IN 2018》，燃气、燃煤和核电价格参考国际能源署（IEA）的报告《Projected Costs of Generating Electricity》。

发条件。其中，美国部分地区和加拿大仍存在较高开发成本，与其光伏资源条件、局部较差的交通及并网条件密切相关。从最经济的开发区域来看，墨西哥和美国的光伏最低开发成本低于 2.0 美分，开发经济性好，其中开发成本最低的出现在美国加利福尼亚州（California）南部，为 1.89 美分。从平均水平来看，墨西哥的全国平均开发成本最低，为 2.27 美分，其最低开发成本为 1.9 美分。

专栏 3-3　美国太阳能资源

美国光伏资源丰富，GHI 范围为 788.63~2215.18kWh/m^2，区域平均 GHI 约 1643.16kWh/m^2。太平洋沿岸地区具有更高的 GHI。美国基本概况和清洁能源基地的主要限制因素见专栏 2-4。

根据测算，美国太阳能光伏资源理论蕴藏量 1317PWh/a；集中式开发的技术可开发量 73200GW，年发电量 129000TWh/a，平均利用小时数 1766（容量因子 0.20）。美国西南部地区光伏装机条件好，部分平原地区的装机能力可以达到 10MW/ km^2 以上，全国光伏技术可开发量以及开发成本分布示意图如专栏 3-3 图 1 所示。

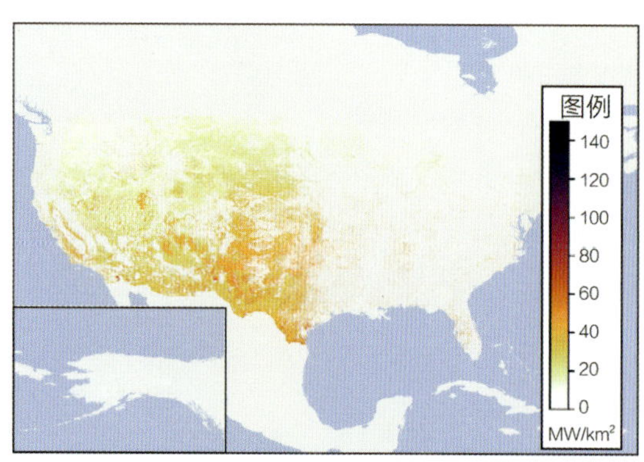

（a）技术可开发量分布

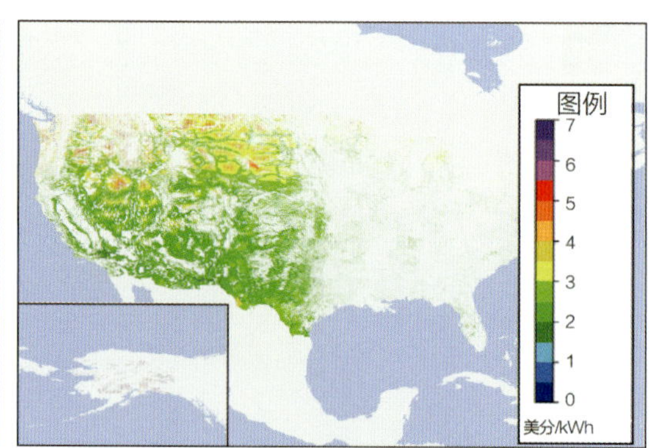

（b）开发成本分布

专栏 3-3 图 1　美国光伏技术可开发量以及开发成本分布示意图

根据测算，美国光伏的平均开发成本为 2.62 美分 / kWh，其中开发条件最好的地区，开发成本低至 1.89 美分 / kWh。国内绝大部分地区均适合光伏大规模经济开发，其中西北部地区的开发经济性更优异。

专栏 3-4 墨西哥太阳能资源

墨西哥地处北美洲南部，国土总面积约 197 万 km^2。根据测算，境内最高海拔 5514m，最大地形坡度 66.6°。全国光伏资源较好，GHI 范围为 1364.96~2347.11kWh/m^2，区域平均 GHI 为 2089.31kWh/m^2，太平洋沿岸地区具有更高的 GHI。

1. 主要限制性因素

墨西哥境内设有不同类型的保护区，总面积约 28.6 万 km^2，包括自然资源类保护区 15.78 万 km^2、野生生物类保护区 5.23 万 km^2 等，以上区域均不宜进行太阳能资源规模化开发，测算结果见表专栏 3-4 表 1。

专栏 3-4 表 1 墨西哥主要保护区面积测算结果

万 km^2

总面积	自然生态系统	野生生物	自然遗迹	自然资源	其他
28.6	2.16	5.23	0.77	15.78	4.63

墨西哥地物覆盖类型以灌丛为主，面积 71.69 万 km^2，占总陆地面积 36.4%；森林为主，面积 69.79 万 km^2，占总陆地面积 34.5%；耕地 24.76 万 km^2，占总陆地面积 12.6%。主要地面覆盖物分析结果见专栏 3-4 表 2。墨西哥可进行太阳能集中式开发的面积约 73.5 万 km^2，占国土总面积的 37.4%。

专栏 3-4 表 2 墨西哥主要地面覆盖物分析结果

万 km^2

国土总面积	河流面积	陆地面积								
		总计	森林	灌丛	草本植被	耕地	湿地沼泽	裸露地表	城市	冰雪
196.57	2.50	194.93	69.79	71.69	22.69	24.76	1.52	1.95	2.52	0

墨西哥南部和西北部沿海地区地震发生频繁，历史地震发生频率高的地区主要集中于南部，东部和中部地区的地震频率较低，太阳能光伏

开发应规避主要地层断裂带、地震带及地震高发区域。墨西哥岩层分布以碳酸盐沉积岩、中间火山岩和松散沉积岩为主。

墨西哥人口 1.23 亿，人口密度超过 3.5 万人/km^2 的人口密集地区主要集中在中南部城市地区，其他区域人口密度较低，规模化开发光伏资源一般应远离人口密集地区。

2. 评估结果

根据测算，墨西哥太阳能光伏资源理论蕴藏量 410.3PWh/a；集中式开发的技术可开发量 32TW，年发电量 63PWh/a，平均利用小时数 1956（容量因子 0.22）。墨西哥北部及中部地区光伏装机条件好，部分平原地区的装机能力可以达到 10MW/km^2 以上，全国光伏技术可开发量以及开发成本分布示意图如专栏 3-4 图 1 所示。

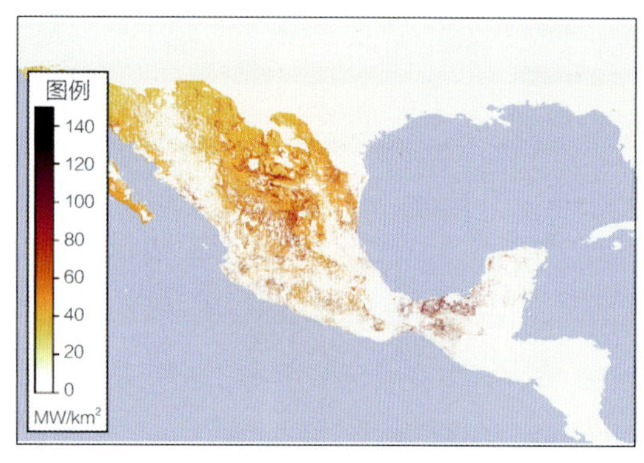

（a）技术可开发量分布

（b）开发成本分布

专栏 3-4 图 1　墨西哥光伏技术可开发量以及开发成本分布示意图

根据测算，墨西哥光伏平均开发成本为 2.34 美分 / kWh，其中开发条件最好的地区，开发成本低至 1.9 美分 / kWh。国内绝大部分地区均适合光伏大规模经济开发，其中北部地区开发经济性更优异。

北美洲 5 个国家和地区太阳能资源评估结果见表 3-5，包括理论蕴藏量、集中式开发规模以及按国别的平均开发成本。其中，技术可开发量的评估结果是按照报告 3.1.3 给定的评估参数计算获得，是满足集中式开发条件区域的装机容量，并不包含低辐照和部分可采用分布式开发的农田和城市区域的光伏装机规模。

表 3-5 北美洲 5 个国家和地区太阳能资源评估结果

序号	国家	理论蕴藏量（PWh/a）	集中式开发规模（GW）	年发电量（TWh/a）	可利用小时数（小时）	可利用面积比例（%）	平均开发成本（美分 / kWh）
1	加拿大	7019	8145.1	10302.6	1265	26.48	4.78
2	圣皮埃尔和密克隆（法）	0.3	2.4	2.9	1210	—	4.02
3	美国	13427.4	73938.3	130361.7	1763.1	7.51	2.58
3.1	美国—本土	13166.3	73240.5	129375.5	1766	22.09	2.54
3.2	中途岛（美）	0	0	0	0	0	—
3.3	阿拉斯加（美）	228.1	409.3	471.6	1152	24.84	6.11
3.4	阿留申群岛（美）	1.7	0	0	0	0	—
3.5	关塔那摩（美）	0.1	1.3	2.4	1800	26.90	2.37
3.6	夏威夷（美）	31.1	286.7	511.3	1783	22.62	5.97
3.7	圣地亚哥（美）	0.1	0.5	0.9	1893	22.31	2.2
3.8	威克岛（美）	0	0	0	0	0	—
3.9	约翰斯顿岛（美）	0	0	0	0	—	—
4	墨西哥	4103.4	32014.5	62588	1955	23.92	2.27
5	库拉索（荷）	1.7	16.1	29.4	1826	37.34	2.8
附	格陵兰（丹麦）	0.1	0.8	0.9	1128	0	9.58
总计[1]		24551.9	114348.1	203551.1	1780[2]	12.65[3]	2.57[4]

1 北美洲太阳能资源评估结果的总计除了北美洲 5 个国家和地区，还包括格陵兰岛。

2 北美洲光伏利用小时数为洲内年总发电量与总技术可开发量的比值。

3 北美洲光伏可利用面积比例为洲内总可利用面积与全洲总面积的比值。

4 北美洲光伏平均开发成本为洲内各国家平均开发成本及其年发电量的加权平均值。

3.3 光伏基地开发

3.3.1 开发现状

从 2014 年起北美洲光伏装机开始较快增长，2018 年总装机容量达到 57.1GW，北美洲历年光伏总装机容量如图 3-9（a）所示[1]。其中，美国、加拿大和墨西哥光伏装机容量分别为 51426、3100MW 和 2541MW，发电量分别为 92517、2192GWh 和 434GWh，具体情况见表 3-6[2]。图 3-9（b）给出了北美洲主要国家历年光伏装机容量，由图可知，2010—2018 年，美国和墨西哥光伏装机容量增长较快。美国大型的光伏基地有 Topaz Solar Farm，装机容量 585.9MW；2016 年新建了 Stateline Solar 光伏电站，装机容量 299.5MW。加拿大大型的光伏基地有 Sol-Luce Kingston，装机容量 100MW。

表 3-6　2018 年北美洲主要国家光伏开发情况

国家	光伏装机容量（MW）	光伏发电量（GWh）
美国	51426	92517
加拿大	3100	2192
墨西哥	2541	434

（a）北美洲历年光伏总装机容量

（b）北美洲主要国家历年光伏装机容量

图 3-9　北美洲光伏装机容量

[1] 资料来源：International Renewable Energy Agency. Renewable capacity statistics 2019[R]. Abu Dhabi: IRENA, 2019.

[2] 资料来源：彭博社 . 全球装机和发电量统计 [EB/OL]，2020-02-24.

根据 IRENA 统计，2013—2018 年，美国加权平均的光伏组件投资水平下降了 50%，从 800 美元 /kW 降至 400 美元 /kW。2018 年，美国的光伏电站综合初始投资水平为 1549 美元 /kW。加拿大加权平均的光伏组件投资水平下降了 20%，从 1000 美元 /kW 降至 800 美元 /kW。2018 年，加拿大的光伏电站综合初始投资水平为 2427 美元 /kW。[1]

3.3.2 基地布局

大型光伏基地宜在技术指标高，开发成本低的区域进行布局。综合当地用电需求，根据北美洲能源互联网主要战略输电通道布局，未来在美国开发米德兰、布法罗、锡拉丘兹、罗斯韦尔、布拉夫、海伦代尔和卢塞恩瓦利等 7 个光伏基地，2035 年开发规模可达到 91.31GW；在墨西哥开发阿帕钦甘、里奥格兰德、利伯塔德港等 3 个光伏基地，2035 年开发规模可达到 14.07GW。

报告基于数字化选址模型和软件，对上述 10 个光伏基地的开发条件、装机规模、工程设想、发电特性和投资水平进行了研究，提出了初步开发方案。10 个光伏基地的总装机规模约 105.30GW，年发电量 197.68TWh/a。根据远景规划，未来开发总规模有望超过 178GW。按照 2035 年北美洲光伏造价预测成果，基于项目基本情况进行投资估算，北美洲光伏基地总投资约 574.96 亿美元，度电成本为 1.99~2.93 美分 / kWh。北美洲大型光伏基地布局示意图如图 3-10 所示。

[1] 资料来源：International Renewable Energy Agency. Renewable Power Cost in 2018[R]. Abu Dhabi: IRENA, 2019.

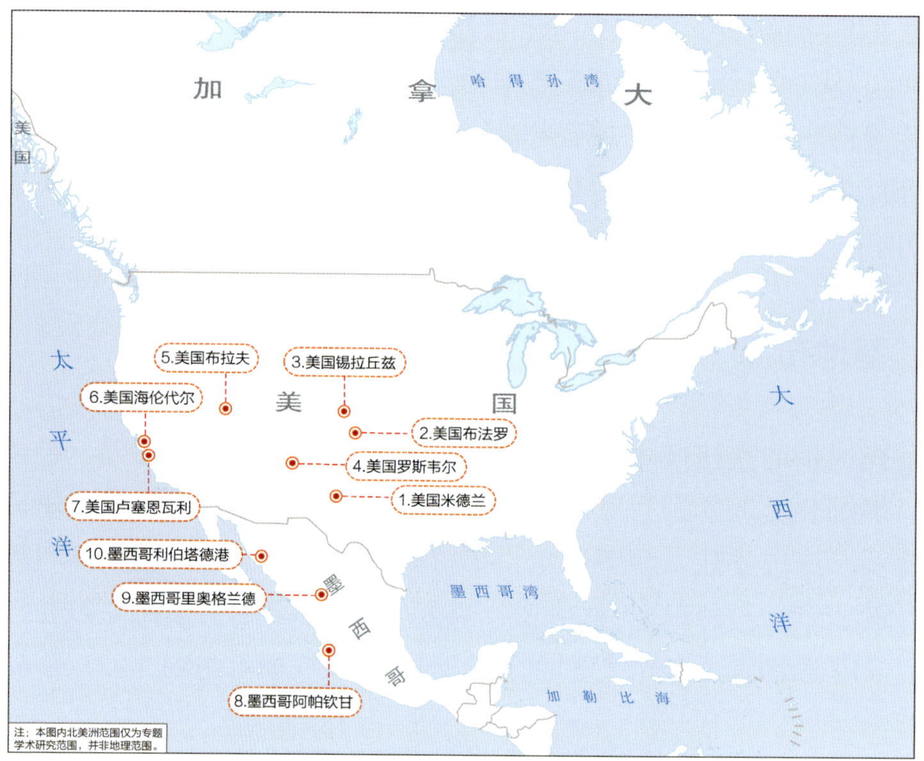

图 3-10　北美洲大型光伏基地布局示意图

3.3.3　基地概述

本报告提出的北美洲 10 个光伏基地选址的总体情况如下。

1. 美国得克萨斯州米德兰（Midland, Texas）基地

基地位于美国得克萨斯州（Texas）东南部，基地水平面年总辐射量 2025.87kWh/m^2。基地占地面积 231km^2，海拔高程范围 865～889.5m，主要地形为高原平地。基地选址避让了保护区，考虑地面覆盖物、地形坡度等因素影响，可装机面积 160.09km^2，利用率 69.36% 。按照初步开发方案，基地装机规模 10GW，年发电量 19220GWh；项目总投资 50.96 亿美元，综合度电成本 2.15 美分 / kWh。

2. 美国俄克拉何马州布法罗（Buffalo, Oklahoma）基地

基地位于美国俄克拉何马州（Oklahoma ）西北部，基地水平面年总辐射量 1827.79kWh/m^2。基地占地面积 1176km^2，海拔高程范围 674.5～878.5m，

主要地形为高原平地和丘陵。基地选址避让了保护区，考虑地面覆盖物、地形坡度等因素影响，可装机面积 805.51km^2，利用率 68.48%。按照初步开发方案，基地装机规模 40GW，年发电量 71086GWh；项目总投资 213.60 亿美元，综合度电成本 2.44 美分 / kWh。

3. 美国堪萨斯州锡拉丘兹（Syracuse, Kansas）基地

基地位于美国堪萨斯州（Kansas）西部，基地水平面年总辐射量 1821.15kWh/m^2。基地占地面积 1000km^2，海拔高程范围 931.5～1126.5m，主要地形为高原平地和丘陵。基地选址避让了保护区，考虑地面覆盖物、地形坡度等因素影响，可装机面积 421.6km^2，利用率 42.16%。按照初步开发方案，基地装机规模 20.1GW，年发电量 36199GWh；项目总投资 105.74 亿美元，综合度电成本 2.37 美分 / kWh。

4. 美国新墨西哥州罗斯韦尔（Roswell , New Mexico）基地

基地位于美国新墨西哥州（New Mexico）中部，基地水平面年总辐射量 2045.72kWh/m^2。基地占地面积 112km^2，海拔高程范围 1687.5～1865.5m，主要地形为高原平地和丘陵。基地选址避让了保护区，考虑地面覆盖物、地形坡度等因素影响，可装机面积 88.51km^2，利用率 79.06%。按照初步开发方案，基地装机规模 5GW，年发电量 9946GWh；项目总投资 30.34 亿美元，综合度电成本 2.47 美分 / kWh。

5. 美国犹他州布拉夫（Bluff, Utah）基地

基地位于美国犹他州（Utah）东南部，基地水平面年总辐射量 1985kWh/m^2。基地占地面积 96km^2，海拔高程范围 1453.5～1672.5m，主要地形为高原山地。基地选址避让了保护区，考虑地面覆盖物、地形坡度等因素影响，可装机面积 83.01km^2，利用率 86.40%。按照初步开发方案，基地装机规模 4.1GW，年发电量 7812GWh；项目总投资 21.12 亿美元，综合度电成本 2.19 美分 / kWh。

6. 美国加利福尼亚州海伦代尔（Helendale , California）基地

基地位于美国加利福尼亚州（California）南部，基地水平面年总辐射量2193.62kWh/m^2。基地占地面积225km^2，海拔高程范围703.5~891m，主要地形为高原平地。基地选址避让了保护区，考虑地面覆盖物、地形坡度等因素影响，可装机面积111.6km^2，利用率49.52%。按照初步开发方案，基地装机规模6GW，年发电量12611GWh；项目总投资31.00亿美元，综合度电成本1.99美分/kWh。

7. 美国加利福尼亚州卢塞恩瓦利（Lucerne Valley , California）基地

基地位于美国加利福尼亚州（California）南部，基地水平面年总辐射量2193.55kWh/m^2。基地占地面积189km^2，海拔高程范围866~1250.5m，主要地形为高原山地。基地选址避让了保护区，考虑地面覆盖物、地形坡度等因素影响，可装机面积112.47km^2，利用率59.47%。按照初步开发方案，基地装机规模6.1GW，年发电量12651GWh；项目总投资36.32亿美元，综合度电成本2.33美分/kWh。

8. 墨西哥米却肯省阿帕钦甘（Apatzingan, Michoacán）基地

基地位于墨西哥米却肯省（Michoacán）中部，基地水平面年总辐射量2146.96kWh/m^2。基地占地面积77km^2，海拔高程范围491.5~826.5m，主要地形为高原山地。基地选址避让了保护区，考虑地面覆盖物、地形坡度等因素影响，可装机面积46.62km^2，利用率60.69%。按照初步开发方案，基地装机规模4GW，年发电量7696GWh；项目总投资19.85亿美元，综合度电成本2.09美分/kWh。

9. 墨西哥萨卡特卡斯省里奥格兰德（Rio Grande, Zacatecas）基地

基地位于墨西哥萨卡特卡斯省（Zacatecas）中部，基地水平面年总辐射量2209.28kWh/m^2。基地占地面积94km^2，海拔高程范围1989~2240.5m，主要地形为高原平地和丘陵。基地选址避让了保护区，考虑地面覆盖物、地形坡度等因素影响，可装机面积50.61km^2，利用率

54.13% 。按照初步开发方案，基地装机规模 4GW，年发电量 8094GWh；项目总投资 21.97 亿美元，综合度电成本 2.16 美分 / kWh。

10. 墨西哥索诺拉省利伯塔德港（Puerto Libertad, Sonora）基地

基地位于墨西哥索诺拉省（Sonora）西部，基地水平面年总辐射量 2223.31kWh/m^2。基地占地面积 179km^2，海拔高程范围 62.5~354.5m，主要地形为平原和丘陵。基地选址避让了保护区，考虑地面覆盖物、地形坡度等因素影响，可装机面积 90.92km^2，利用率 50.69% 。按照初步开发方案，基地装机规模 6GW，年发电量 12124GWh；项目总投资 44.06 亿美元，综合度电成本 2.93 美分 / kWh。

各大型光伏基地主要技术经济指标见表 3-7。

表 3-7　北美洲主要大型光伏基地技术经济指标

序号	基地名称	国家	占地面积（km^2）	主要地形	年均 GHI（kWh/m^2）	装机容量（GW）	年发电量（GWh）	总投资（M$）	度电成本（美分 / kWh）
1	米德兰	美国	231	高原平地	2025.87	10	19230	5096	2.15
2	布法罗	美国	1176	高原丘陵	1827.79	40	71086	21360	2.44
3	锡拉丘兹	美国	1000	高原	1821.15	20.1	36199	10574	2.37
4	罗斯韦尔	美国	112	高原	2045.72	5	9946	3034	2.47
5	布拉夫	美国	96	高原山地	1985.00	4.1	7812	2112	2.19
6	海伦代尔	美国	225	高原山地	2197.92	6	12611	3100	1.99
7	卢塞恩瓦利	美国	189	高原山地	2193.55	6.1	12651	3632	2.33
8	阿帕钦甘	墨西哥	77	高原山地	2146.96	4	7696	1985	2.09
9	里奥格兰德	墨西哥	94	高原丘陵	2209.28	4	8238	2197	2.16
10	利伯塔德港	墨西哥	179	平原和丘陵	2223.31	6	12216	4406	2.93
合计			—	—	—	105.3	197675	57496	—

3.3.4 基地选址研究

本报告给出了美国海伦代尔和墨西哥阿帕钦甘 2 个光伏基地选址研究的详细结果，可供项目开发研究参考。

3.3.4.1 美国海伦代尔光伏基地

1. 主要开发条件分析

光伏资源条件。海伦代尔（Helendale）光伏基地位于美国（United States）西南部美国加利福尼亚州（California），基地多年平均 GHI 为 2137.43kWh/ m^2，属于最丰富等级，非常适宜进行太阳能资源规模化开发。基地位置及其 GHI 分布示意图如图 3-11 所示。

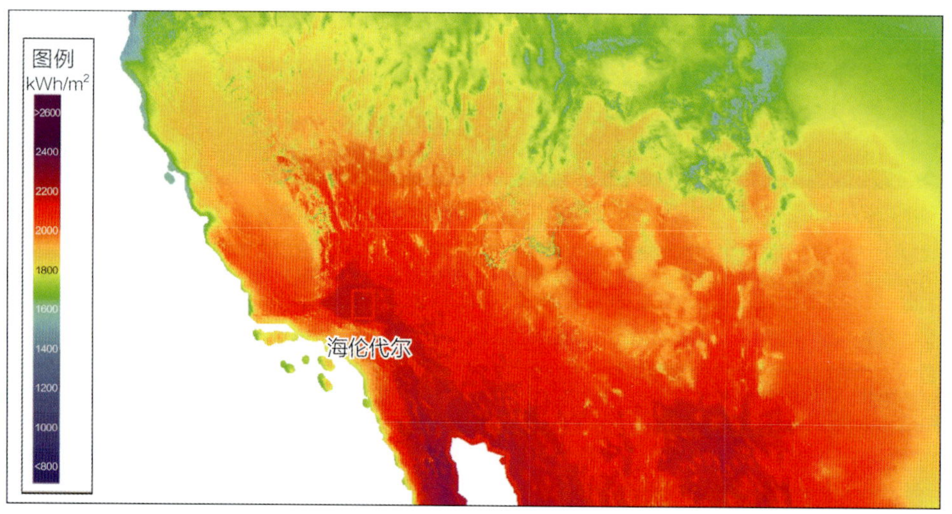

图 3-11 海伦代尔光伏基地太阳能水平面总辐射量分布示意图

地形地貌。区域地处莫哈维沙漠（Mojave Desert）的平坦区域，西临银湖（Silver Lakes），区域内的海拔高程范围 627～1641.5m，最大坡度 24.4°，地形相对平坦，适宜建设大型光伏基地。

主要限制性因素。基地位于加利福尼亚州南部，占地总面积 296.57km^2，选址及其周边主要限制因素分布的示意图如图 3-12 所示。区域内地物覆盖类型大部分为灌丛，部分为草本植被和裸露地表。基地内无自然保护区等限制性因素，

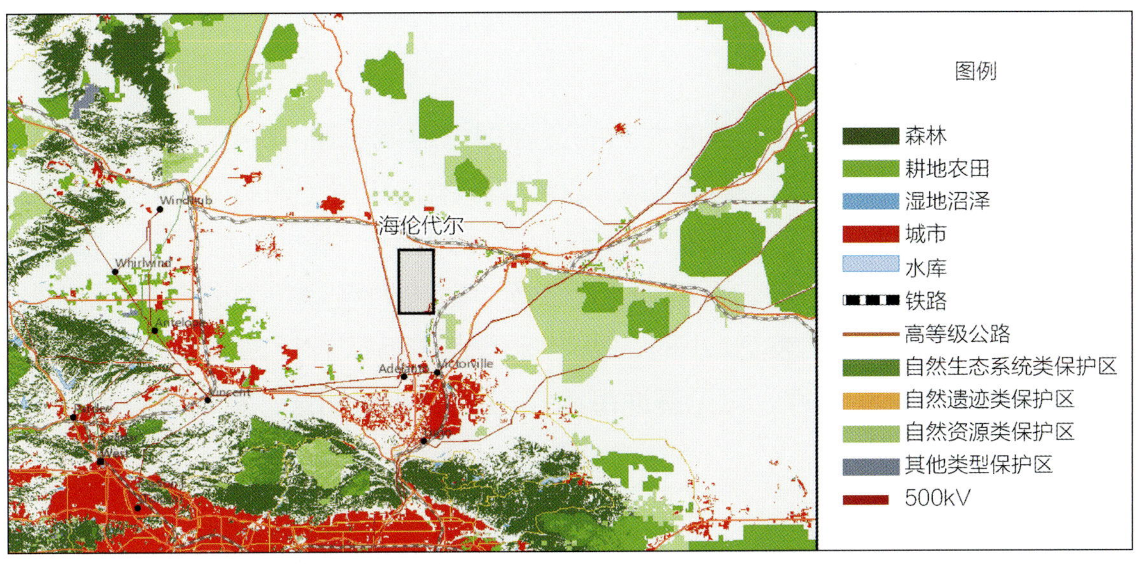

图 3-12　海伦代尔光伏基地选址示意图

选址主要避让东南部3km外的1处自然资源类保护区。基地四周和东部临近公路，北部和东部有铁路通过更条件便利，交通。电网方面，西部 2km 有 1 条 500kV 交流输电通道经过，南部 18km 有 1 条 500kV 交流输电通道经过，接入电网条件很好。

基地范围内松散沉积岩主要发育。南部 2km 处接触阶梯式断层分布，距离最近的存在历史地震记录的地区约 8km，地质结构较为稳定。基地岩层分布及地震情况示意图如图 3-13 所示。区域西南角临近大型城市海伦代尔市，西北部 20km 以及南部 22km 处有中小型城镇分布。

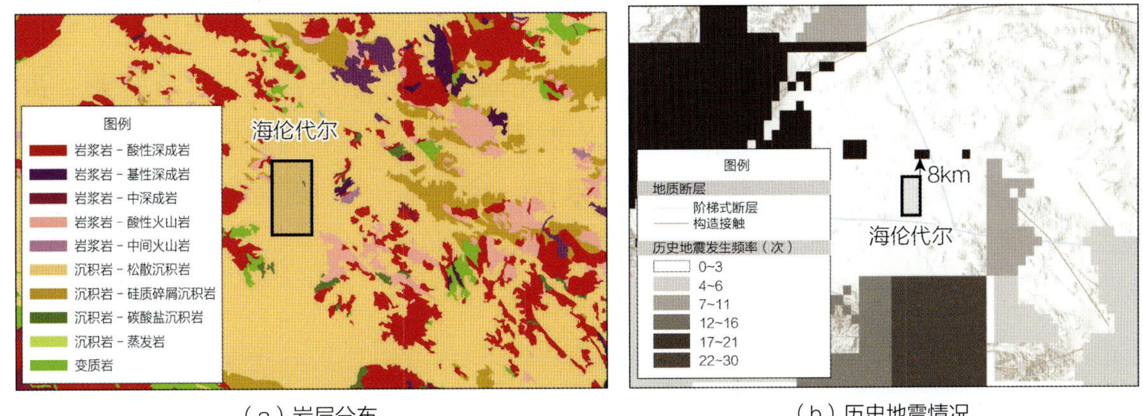

（a）岩层分布　　（b）历史地震情况

图 3-13　海伦代尔光伏基地岩层分布及地震情况示意图

2. 开发规模与资源特性

经测算，海伦代尔光伏基地太阳能资源理论蕴藏总量 49.43TWh/a。技术可开发装机规模 6.0GW，年发电量 12611GWh，利用小时数 2090。基地光伏年发电量的地理区域分布示意如图 3-14（a）所示，基地地势平坦，装机和发电量的地理分布相对均匀；基地 8760 逐小时出力系数热力分布如图 3-14（b）所示，其横坐标代表 24 小时，纵坐标代表 365 天，反映了 8760 小时光伏出力随时间变化的规律，可见基地每年 4-9 月日照时间长，发电能力强。

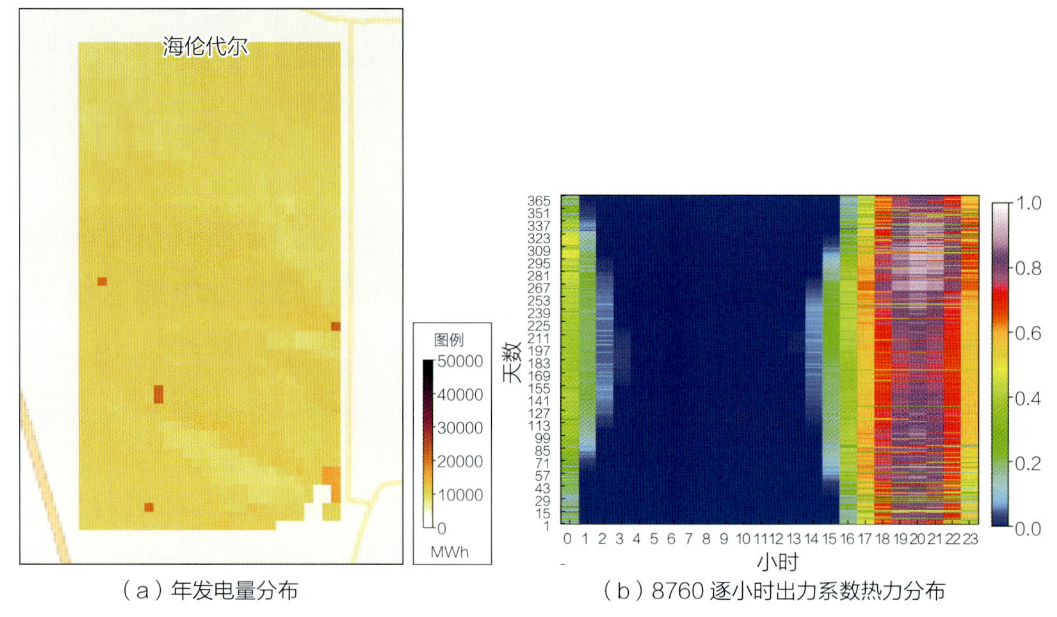

（a）年发电量分布　　（b）8760 逐小时出力系数热力分布

图 3-14　海伦代尔光伏基地年发电量分布和 8760 逐小时出力系数热力分布图

选择代表点对基地发电特性进行分析。基地辐射和温度以及对应光伏发电出力的典型日变化和年变化曲线如图 3-15 和图 3-16 所示。从日变化来看，高辐射时段主要集中在 16 点—次日 1 点（世界标准时间，下同。折算到美国当地太平洋时间为 9—16 点）。从月度变化来看，全年 4—9 月总辐射大，发电能力强，11 月—次年 2 月总辐射小，发电能力小。

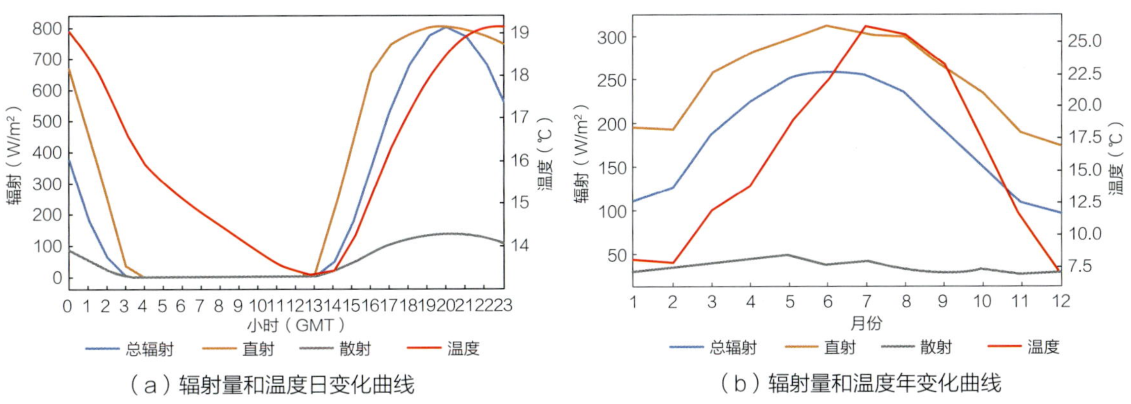

图 3-15 海伦代尔光伏基地辐射和温度典型日变化和年变化曲线

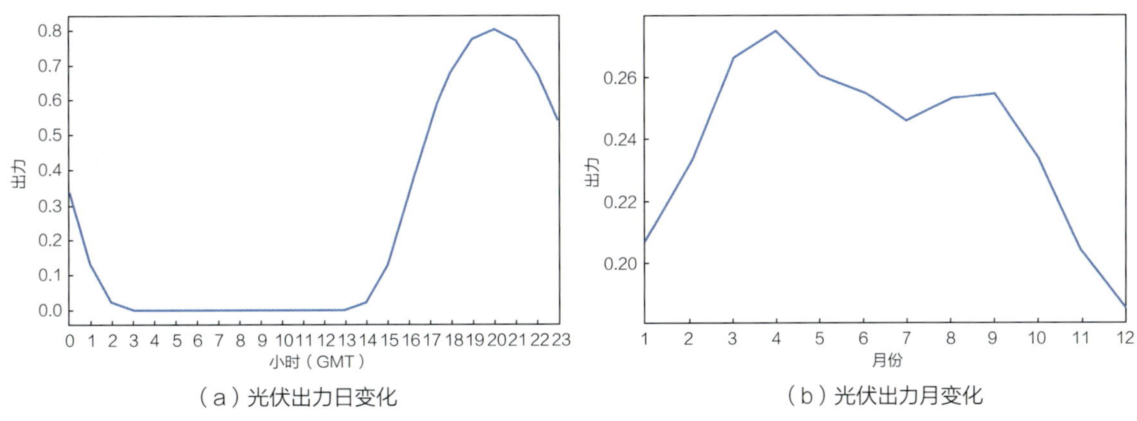

图 3-16 海伦代尔光伏基地典型日出力和年出力曲线

3. 工程设想与经济性分析

基地暂按 310Wp 高效单晶组件，采用固定式支架，竖向 2×22（横向 22 排，竖向 2 列）开展光伏阵列布置研究。综合考虑当地太阳能资源和地形等条件，并基于中国大型光伏电站设计经验及相关光伏板布置原则，采用光伏基地宏观选址规划数字化方法，开展光伏阵列自动排布。当地组件最佳倾角为 35°，基于最佳倾角下的倾斜面辐射量，预留对应前后排间距 8.5m，考虑检修空间和通行道路，组串东西向间距为 0.5m。基地规划布置图如图 3-17 所示。

按照对光伏发电工程 2035 年经济性水平预测，综合考虑交通和电网基础设施条件，海伦代尔光伏基地总投资估算 31 亿美元，其中并网及交通成本 1.5 亿美元，投资匡算见表 3-8。按此测算，基地开发后平均度电成本 1.99 美分 / kWh。基于 6% 内部收益率测算的上网电价 2.67 美分 / kWh。

图 3-17　海伦代尔光伏基地组件排布示意图

表 3-8　海伦代尔光伏基地投资匡算表

编号	项目内容	海伦代尔光伏基地
1	设备成本（亿美元）	28.30
2	建设成本（万美元）	4800
3	其他成本（万美元）	7200
4	场外交通及并网成本（亿美元）	1.5
5	单位千瓦投资（美元）	514

3.3.4.2 墨西哥阿帕钦甘光伏基地

1. 主要开发条件分析

光伏资源条件。阿帕钦甘（Apatzingan）光伏基地位于墨西哥（Mexico）米却肯省（Michoacán）的中西部，基地多年平均 GHI 为 2146.96kWh/m^2，属于太阳能资源的最丰富等级，非常适宜进行太阳能资源的规模化开发。基地位置及其 GHI 分布示意图如图 3-18 所示。

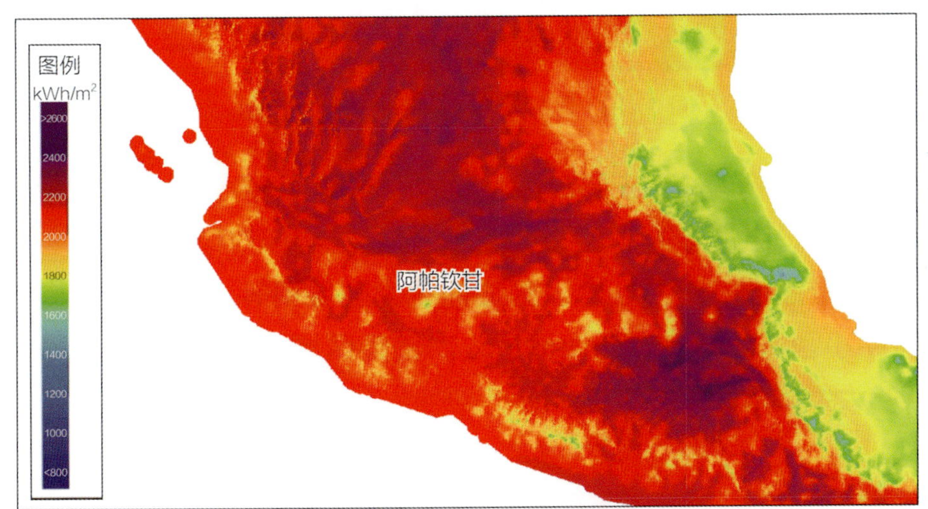

图 3-18　阿帕钦甘光伏基地太阳能水平面总辐射量分布示意图

地形地貌。区域地处卡伦特河谷（the Tierra Caliente Valley），西临圣马德雷德山脉（Sierra Madre del Sur），区域内的海拔高程范围 491.5~826.5m，最大坡度 19.5°，可以开发大型光伏基地。

主要限制性因素。基地位于米却肯省中西部，占地总面积 76.82km^2，选址及其周边主要限制因素分布的示意图如图 3-19 所示。区域内地物覆盖类型为草本植被，无自然保护区等限制性因素，选址主要避让东南部 15km 外 1 处自然保护区。基地东北部 130km 处有 General Francisco J Mujica 机场，东部和南部 5km 内均有公路通过，东南部 3km 有铁路通过，交通情况良好。电网方面，基地内部有一条 400kV 交流输电穿过，东部 22km 有一条 400kV 交流输电通道经过，接入电网条件良好。电源方面，东部、南部和北部均有水电站，其中北部和东部的水电站为 80MW 和 60MW 等级。

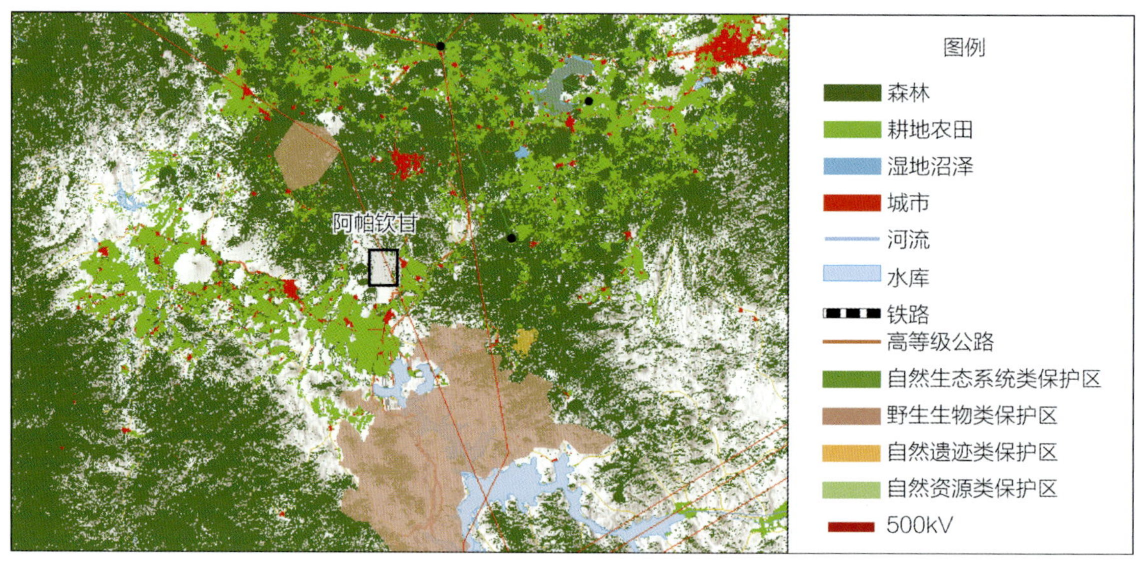

图 3-19　阿帕钦甘光伏基地选址示意图

基地范围内火焰碎屑岩主要发育。周围 150km 以内无接触断层分布，距离最近的存在历史地震记录的地区约 14km，地质结构相对稳定。基地岩层分布及地震情况示意图如图 3-20 所示。区域内无大型城镇等人类活动密集区，东部 2km 处有中小型城镇分布，距离最近人口密集区域（3.5 万 / km^2）约 22km，距离最近的大型城市为阿帕钦甘市。

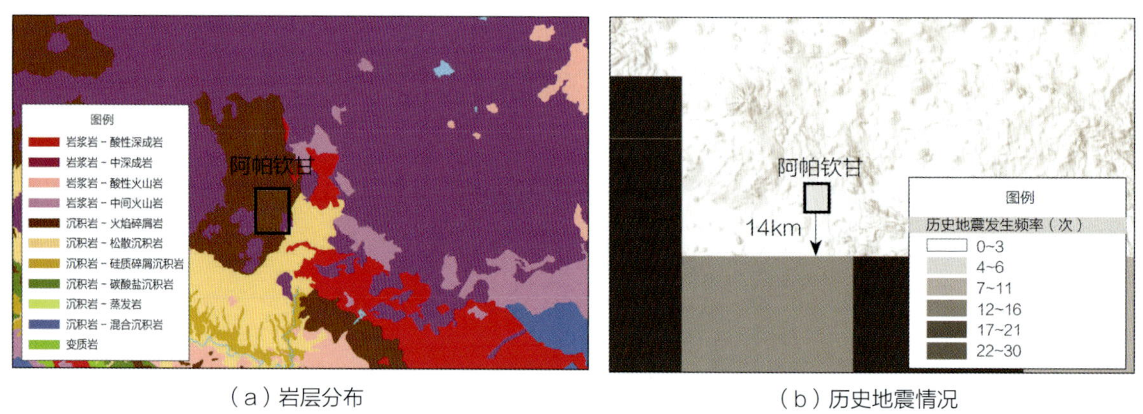

（a）岩层分布　　（b）历史地震情况

图 3-20　阿帕钦甘光伏基地岩层分布及地震情况示意图

2. 开发规模与资源特性

经测算，阿帕钦甘光伏基地太阳能资源理论蕴藏总量为 16.49TWh/a。技术可开发装机容量 4.0GW，年发电量 7696GWh，利用小时数 1913。基地光伏年发电量的地理区域分布示意如图 3-21（a）所示，基地需依山势建设，装机和发电量的地理分布与地形坡度变化相近；基地 8760 逐小时出力系数热力分布如图 3-21（b）所示，其横坐标代表 24 小时，纵坐标代表 365 天，反映了 8760 小时光伏出力随时间变化的规律，可见基地每年 2-10 月日照时间长，发电能力强。

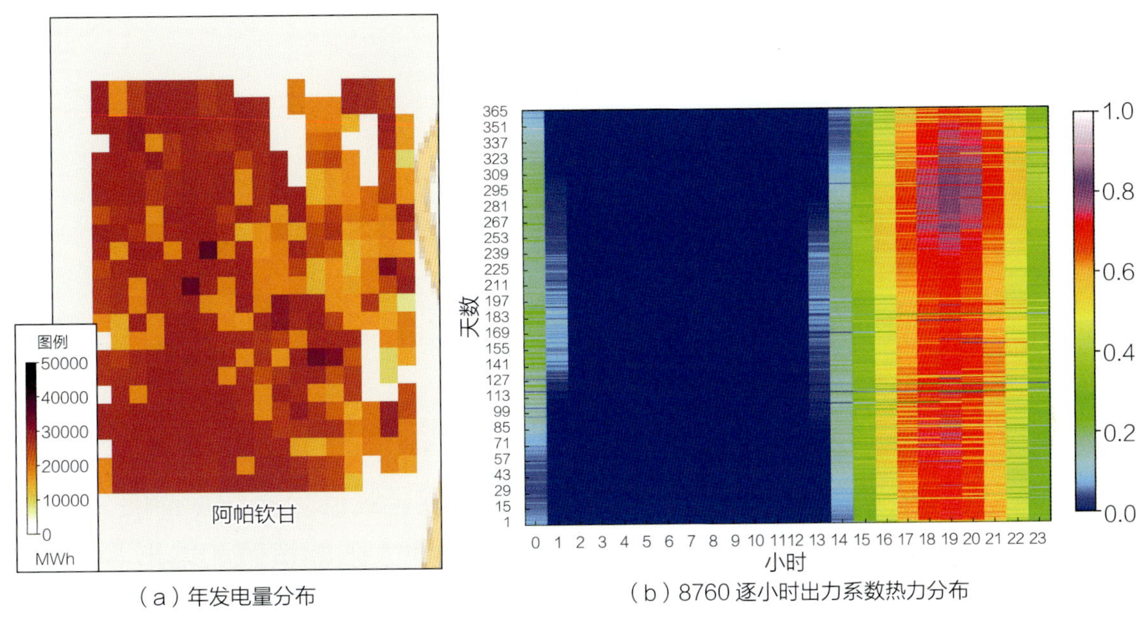

（a）年发电量分布　（b）8760 逐小时出力系数热力分布

图 3-21　阿帕钦甘光伏基地年发电量分布和 8760 逐小时出力系数热力分布图

选择代表点对基地发电特性进行分析。基地辐射和温度以及对应光伏发电出力的典型日变化和年变化曲线如图 3-22 和图 3-23 所示。从日变化来看，高辐射时段主要集中在 15—23 点（世界标准时间，下同。折算到墨西哥当地时间为 8—16 点）。从月度变化来看，2—10 月总辐射大，发电能力强，11 月—次年 1 月总辐射小，发电能力小。

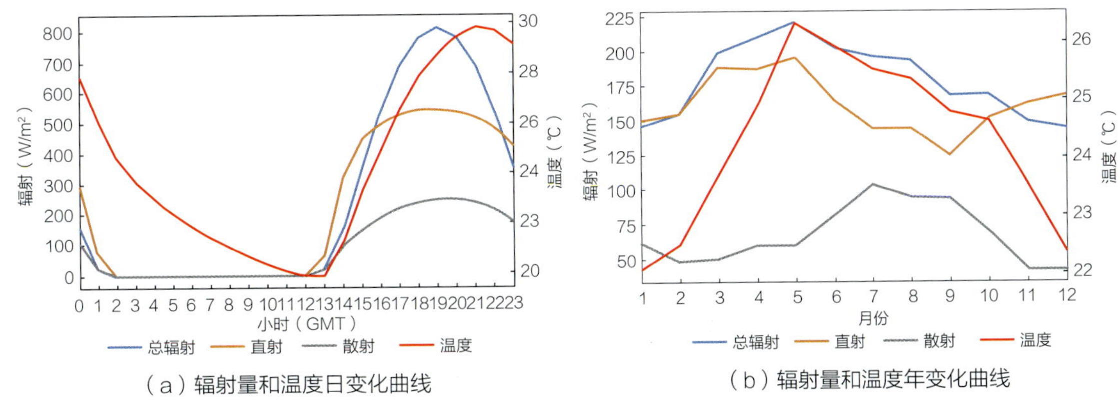

（a）辐射量和温度日变化曲线　（b）辐射量和温度年变化曲线

图 3-22　阿帕钦甘光伏基地辐射和温度典型日变化和年变化曲线

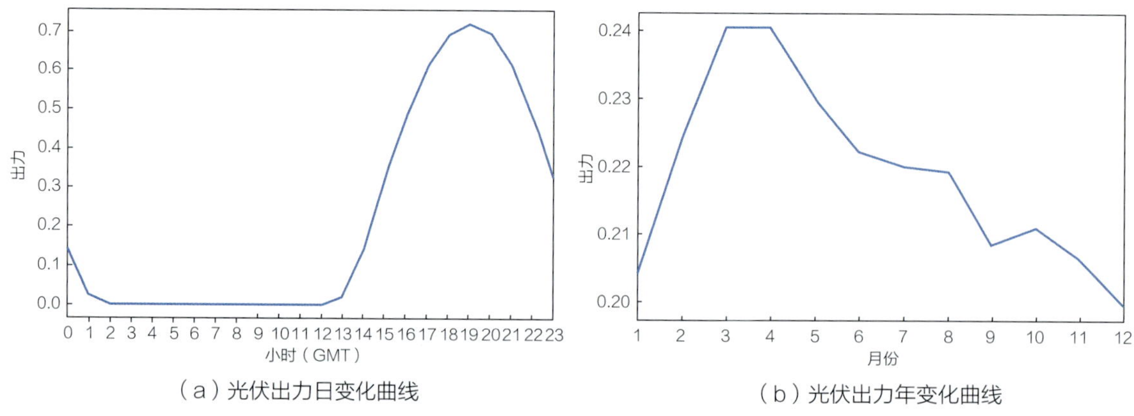

（a）光伏出力日变化曲线　　（b）光伏出力年变化曲线

图 3-23　阿帕钦甘光伏基地典型日出力和年出力曲线

3. 工程设想与经济性分析

暂按 310Wp 高效单晶组件，采用固定式支架，竖向 2×22（横向 22 排，竖向 2 列）开展光伏阵列布置研究。综合考虑当地太阳能资源和地形等条件，并基于中国大型光伏电站设计经验及相关光伏板布置原则，采用光伏基地宏观选址规划数字化方法，开展光伏阵列自动排布。当地组件最佳倾角为 19°，基于最佳倾角下的倾斜面辐射量，预留对应前后排间距 5.4m，考虑检修空间和通行道路，组串东西向间距为 0.5m。基地规划布置图如图 3-24 所示。

按照对光伏发电工程 2035 年经济性水平预测，综合考虑交通和电网基础设施条件，阿帕钦甘光伏基地总投资估算 19.85 亿美元，其中并网及交通成本 1800 万美元，投资匡算见表 3-9。按此测算，基地开发后平均度电成本 2.09 美分 / kWh。基于 6% 内部收益率测算的上网电价 2.84 美分 / kWh。

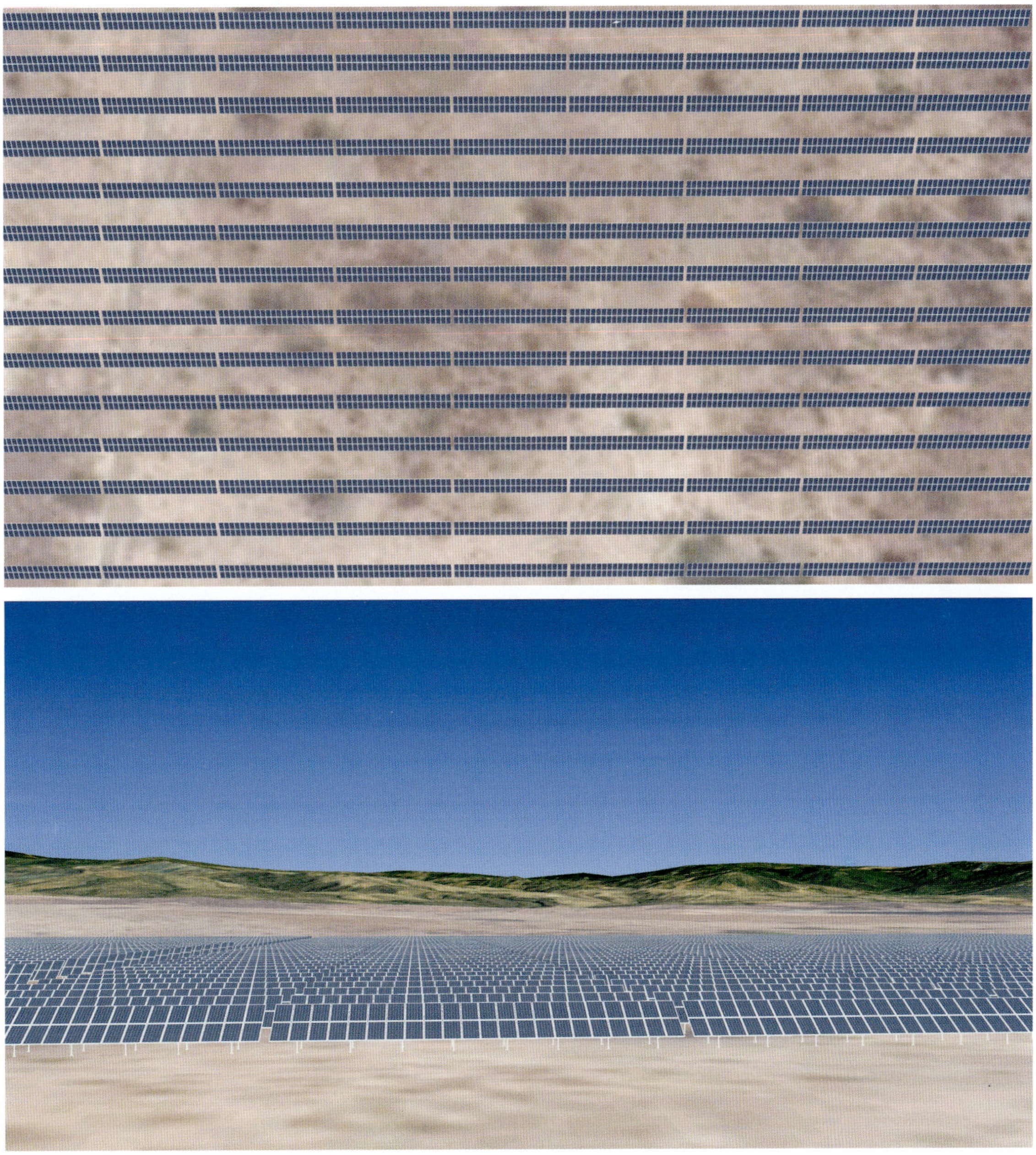

图 3-24 阿帕钦甘光伏基地组件排布示意图

表 3-9 阿帕钦甘光伏基地投资匡算表

编号	项目内容	阿帕钦甘光伏基地
1	设备成本（亿美元）	18.87
2	建设成本（万美元）	3200
3	其他成本（万美元）	4800
4	场外交通及并网成本（万美元）	1800
5	单位千瓦投资（美元）	494

4 大型清洁能源基地外送

基于北美洲能源电力供需发展趋势，结合清洁能源资源分布及开发格局，统筹各国国内、跨国及跨洲电力消纳市场，充分考虑电力外送容量、距离及电网发展等因素，研究提出了北美洲主要大型清洁能源基地的送电方向和输电方式。研究成果对推动北美洲清洁能源基地开发，加快各国国内电网建设、跨国跨洲电网互联发展，实现清洁能源资源大范围优化配置和高效利用具有重要和积极意义。

4.1 电力需求预测

北美洲地区经济社会发展水平高，2017 年 GDP 总量达到 22.3 万亿美元，人均 GDP 达 4.5 万美元，均为世界第一。2017 年北美洲人口为 4.9 亿，预计未来保持缓慢增长。北美洲科技创新能力全球领先，区域合作紧密，资源储量丰富，碳排放总量大。2017 年，北美洲电力需求总量为 4.6PWh，最大负荷约 810GW，人均用电量达到 9479kWh。

北美三国电力发展较不均衡，**美国** 2017 年用电量 3.8PWh，占北美洲总用电量的 83.6%，最大负荷 670GW，是主要电力负荷中心，人均用电量达到 11847kWh。美国内部，东部地区用电量占比达到全美用电量的 72.4%。**加拿大** 2017 年用电量 538TWh，最大负荷 94.39GW，人均用电量达到 14690kWh。**墨西哥**与其他两国差距较大，2017 年用电量 265TWh，最大负荷 42.24GW，人均用电量仅为 2052kWh。

随着北美洲经济社会发展，未来电力需求仍将呈现平稳增长态势，电力需求主要增长点包括美国制造业回归、电动汽车等交通运输领域电能替代、大规模数据中心建设及智能化设备普及应用、墨西哥工业化电力需求等。预计 2035 年，北美洲用电总量增至 7.2PWh，2017—2035 年的年均增速 2.4%；最大负荷 1280GW，2017—2035 年的年均增速 2.4%；年人均用电量 12812kWh。2050 年，北美洲用电量将达到 8.9PWh，2036—2050 年的年均增速 1.5%；最大负荷 1590GW，2036—2050 年的年均增速 1.4%；年人均用电量 14869kWh。

从国别看，美国电力需求占比仍超过 80%，墨西哥需求增长较显著。**美国** 2035 年用电量增长至 5.9PWh，占全洲的 82%，2017—2035 年的年均增速 2.4%，年人均用电量 16209kWh；最大负荷为 1070GW，2017—2035 年的年均增速 2.6%。2050 年美国用电量达到 7.2PWh，占比 81%，2036—2050 年的年均增速为 1.4%，年人均用电量 18559kWh；最大负荷 1310GW，2036—2050 年的年均增速为 1.4%。北美洲电力需求变化趋势如图 4-1 所示。

加拿大 2035 年用电量增长至 706.6TWh，占北美洲的 9.8%，2017—2035 年的年均增速 1.5%，年人均用电量 16868kWh；最大负荷约 120GW，2017—2035 年的年均增速 1.4%。2050 年用电量达到 814.8TWh，占比 9%，2036—2050 年的年均增速 0.95%，年人均用电量 18127kWh；最大负荷 140GW，2036—2050 年的年均增速 1.1%。

墨西哥 2035 年用电量增长至 551TWh，占北美洲比重提升至 7.7%，2017—2035 年的年均增速 4.2%，年人均用电量 3600kWh；最大负荷约 86.1GW，2017—2035 年的年均增速 4.1%。2050 年用电量达到 858.5TWh，占全洲比重升高至 9.6%，2036—2050 年的年均增速 3%，年人均用电量达到 5226kWh；最大负荷 130GW，2036—2050 年的年均增速 3%。

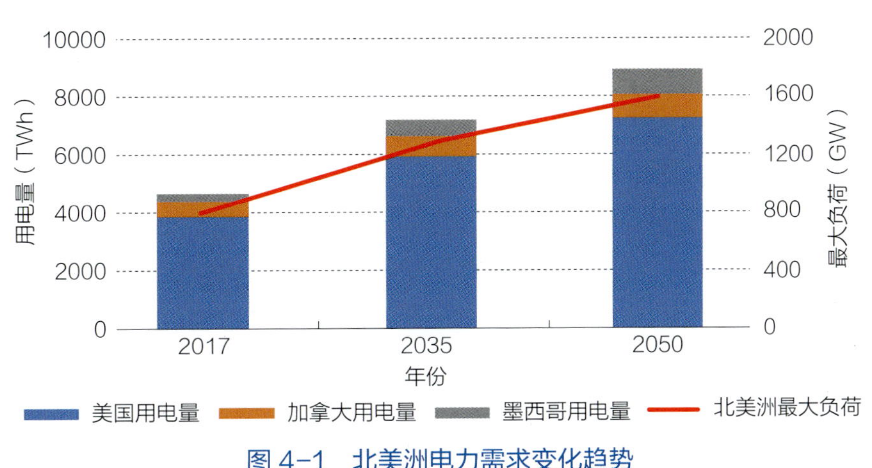

图 4-1　北美洲电力需求变化趋势

统筹资源禀赋和电力需求分布，北美洲各区域的定位是：**美国东北部、东南部、西海岸、五大湖地区和得克萨斯州是主要电力负荷中心。**北部加拿大水电、中部美国风电和太阳能发电资源十分丰富，是主要的清洁能源外送基地。墨西哥发挥太阳能资源优势，满足自身工业化发展用电需求，未来与美国西部、中南美洲水电互补互济，成为北美洲连接中南美洲的重要电力枢纽。

4.2 清洁电力制氢与氢能利用

1. 电制氢与消纳清洁电力

氢能具有来源广泛、能量密度大、清洁高效等诸多优点。2018 年，全球氢产量约 1.2 亿 t，其中 95% 来源于传统化石资源的热化学重整。[1] 虽然化石资源制氢工艺成熟，成本相对低廉，但会排放大量的温室气体，对环境造成污染。未来，随着能源清洁转型的不断深入，清洁、绿色的电解水技术将成为主流的制氢方式。

通过采用电制氢技术，一方面可以在难以实施电能替代进行脱碳的领域使用清洁氢，如冶金、化工、货运、航运、工业制热等行业，电制氢技术将成为连接清洁电力与部分终端能源消费领域的“纽带环节”。另一方面，电制氢设备具有较快的启停速度和全功率调节范围，可以成为电网中宝贵的灵活性调节资源。未来，电制氢不仅是一种新的电力负荷，同时也为清洁电力消纳提供了一条新思路。

美国中部太阳能资源丰富但当地消纳能力有限，通过规模化发展电制氢产业，能够有效增加当地用电需求，平抑光伏发电的日内波动。北美北部水能资源富集地区，电制氢可以与水电消纳进一步结合，充分发挥氢能跨季节存储的优势，确保外送电力在长时间尺度上的稳定和可靠，其他富余氢能可供当地或邻近区域的矿产开发冶炼产业利用。大西洋沿岸海上风电资源丰富，就地发展电制氢，充分发挥氢能长时间尺度、大容量的储能效益，确保当地电力供应的平稳可靠，制成的氢可以供当地建筑用能、交通领域使用。

---

[1] 资料来源：IRENA《Hydrogen-A Renewable Energy Perspective》.

专栏 4-1 电制氢与消纳清洁电力

电解水制氢指在直流电的作用下，通过电化学过程将水分子分解为氢分子与氧分子，并分别在阴、阳两极析出。电解水制氢技术主要包括以下三种：一是碱性电解槽技术，通常采用氢氧化钠溶液或氢氧化钾溶液等碱性电解液，由石棉隔膜隔开正负极区域，选用镍、铁等作为电极材料进行电解。碱性电解槽技术成熟、设备结构简单，具有较快的启停速度（分钟级）和部分功率调节能力，是当前主流的电解水制氢方法，缺点是效率较低（60%~70%）。二是质子交换膜技术，其特点是使用仅质子可以透过的有机物薄膜代替传统碱性电解槽中的隔膜和液态电解质，并将具有较高活性的贵金属催化剂压在质子交换膜两侧，从而有效减小电解槽的体积和电阻，使电解效率提高到 80% 左右，功率调节也更加灵活，但设备成本相对昂贵。三是高温固体氧化物电解槽技术（SOEC），其特点是在较高温度（600~1000℃）环境下，电解反应的热力学和动力学特性都有所改善，可以将电解效率提高到 90% 左右。高温固体氧化物电解槽还可以作为燃料电池使用，实现电解和发电的可逆运行，该技术目前还处于商业示范阶段。

电制氢设备具有较快的启停速度和全功率调节范围，主流的碱性电解槽启停速度为 15~30 分钟，新型的质子交换膜电解槽，启停速度可达秒级，功率调节范围可达额定功率的 1.5 倍左右。根据新能源发电出力和用电负荷的变化灵活调整电制氢设备的功率，使其成为系统中的可控负荷，可以有效消纳电网负荷低谷期的富余电力，平抑新能源发电的波动性。在未来以清洁能源作为主要电源的情况下，电制氢将成为电网中宝贵的灵活性调节资源。

风光发电具有波动性大、利用小时数低等特点，利用电制氢消纳新能源发电，制氢设备利用率不高。以风光互补新能源发电基地为例，按照风电光伏装机 1：1 进行测算，电制氢设备利用率约为 35%~45%（3000~4000 小时），如图专栏 4-1 图 1 所示。

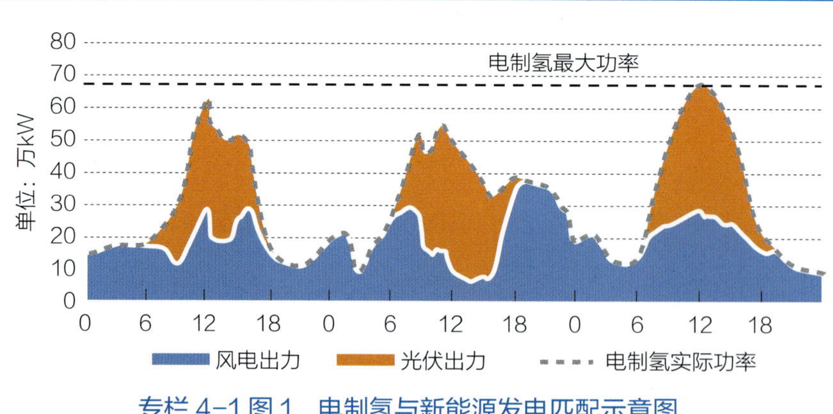

专栏 4-1 图 1　电制氢与新能源发电匹配示意图

电制氢参与电力市场交易，在电网负荷低谷时段利用大电网的富余电力制氢，一方面可以进一步提高设备利用率，另一方面电力富余时段的电价更低。综合测算表明，考虑电制氢技术设备水平和成本，制氢的利用率在 40% 左右（年利用 3500 小时），可以基本兼顾制氢成本与新能源电力消纳的矛盾，制备的“绿氢”具备参与能源市场竞争的能力。

2. 氢能利用

目前，氢能主要作为化工原料，并部分应用于能源领域。未来，随着能源清洁转型不断深入，对于氢的需求将主要体现在能源用途，特别是在电能难以替代的部分终端能源消费领域氢能将发挥重要作用，如工业、交通运输、建筑用能等方面，成为深入推进能源消费侧电能替代的又一个重要途径。

预计到 2050 年，北美洲氢需求量将达到 5700 万 t/ 年，80% 来源于电制氢，年消纳电量 1.6PWh。加拿大及美国北部冬季供暖需求大，利用当地丰富的水电制氢后可直接用于建筑供暖。美国工业基础雄厚，未来石化、冶金和钢铁行业对氢能的需求较大，主要用于工业原料和高端制热，在人口稠密的东西海岸，氢燃料电池汽车保有量也将快速增长，拉动氢能的消费。

专栏 4-2　氢能利用的主要方式

目前，全球氢消费量5600万t，其中95%作为化工原料使用，包括石油制品精炼、制氨、制甲醇、冶金、食品加工等；其余部分作为能源使用，包括航天、高端制热、氢燃料电池等。

未来，随着能源清洁转型不断深入，对于氢的需求将主要体现在能源用途，特别是在电能难以替代的部分终端能源消费领域氢能将发挥重要作用，包括：工业用氢方面，作为化工原料及高端制热能源，需求量对氢价非常敏感，且与减排要求相关，预计未来小幅增长。交通运输领域是未来氢能需求的主要增长点，目前氢燃料电池的发电效率约为40%~60%，随着技术进步，氢能有望在长途客车、货运、航运等长距离运输领域占有一席之地，但替代量与计及输配环节后的氢价密切相关。建筑用能方面，使用可再生电力生产的氢可以通过天然气管网供给家庭和商业建筑，用氢替代部分化石燃料。预计到2050年，全球氢能需求将达到约3亿t，将增加全球电能消费8.6PWh。

4.3　北美洲东部

4.3.1　送电方向

北美洲东部覆盖了全北美经济、政治、文化、贸易中心和传统工业基地，包括了美国东北部、东南部、五大湖区和得州四个负荷中心。目前，美国东部和加拿大东部（除魁北克省）建立了最高电压等级为765kV的同步电网，美国得州建立了最高电压等级为345kV的同步电网。2017年美国东部电网最大负荷490GW，美国得州电网最大负荷62.04GW，分别占美国总负荷的73%和9%，加拿大东部（除魁北克省）电网最大负荷34.89GW，占加拿大总负荷的37%。北美洲东部能源消费以煤炭为主，碳排放问题突出，需加快受入清洁能源电力，满足未来经济社会发展需要。

北美洲东部总体的送电方向是“中电东送，北电南送”。美国的风能、太阳能资源集中于中部平原地区，在美国中部建设大型风电、太阳能基地，向东送电至美国东部五大湖区、东北部和东南部负荷中心。北部加拿大纳尔逊河水电基地等向南送电至美国五大湖区负荷中心。美国东部海上风电就近接入东北部负荷中心就地消纳，得州太阳能基地同样接入扩建的得州电网就地消纳。

表 4-1　北美洲东部大型清洁能源基地送电方向

基地		国家	主要送电方向
水电基地	纳尔逊河	加拿大	美国五大湖区
风电基地	马丁	美国	美国五大湖区
	阿瑟	美国	美国东北部
	加登城	美国	美国东南部
	马萨诸塞州海上	美国	美国东北部
	纽约州海上	美国	美国东北部
	新泽西州海上	美国	美国东北部
太阳能基地	锡拉丘兹	美国	美国五大湖区
	布法罗	美国	美国东南部
	米德兰	美国	美国得州

4.3.2　输电方式

加拿大纳尔逊河水电基地，宜接入扩建的本地网架，与温尼伯湖周围其他水电汇集后，通过新建特高压直流输电通道向南跨国输送至美国五大湖区，在明尼阿波利斯接入扩建的五大湖区 765kV 主干网架，经 765kV 网架供应周边密尔沃基、得梅因等城市。温尼伯湖是加拿大南部最大的湖，形成天然的巨型水库，具有提供远端系统备用效益的潜力。水电基地电力汇集外送至明尼阿波利斯后，可充分发挥温尼伯湖库容效益，对明尼苏达州当地风电进行季节性调节，降低风电出力波动性。

美国中部风电基地，包括美国马丁、阿瑟、加登城风电基地，距负荷中心距离超过 1000km，宜通过本地加强的 345kV 网架汇集后，建设 3 回特高压直流输电通道向东送电，分别接入五大湖区 765kV 主网架、东北部 1000kV 主网架和东南部 1000kV 主网架，供应各大负荷中心消纳。

美国东海岸海上风电基地，包括美国马萨诸塞州、纽约州和新泽西州海上风电基地。这些风电基地距美国东北部负荷中心较近，宜接入扩建的东北部 500kV 和 345kV 网架，供应东北部波士顿、纽约、费城等大型城市。

美国中部太阳能基地，包括美国锡拉丘兹和布法罗太阳能基地，距负荷中心距离超过 1000km，宜通过本地加强建设的 345kV 网架汇集后，建设 4 回特高压直流输电通道向东送电，分别接入五大湖区 765kV 主网架和东南部 1000kV 主网架，供应各大负荷中心消纳。

美国得州太阳能基地，宜就近接入新建的 500kV 得州电网主网架，通过 500kV 交流通道输送至得州三大城市达拉斯、休斯敦和圣安东尼奥，支撑得州产业发展和能源转型需要。

北美洲东部清洁能源基地远期输电方案如图 4-2 所示。

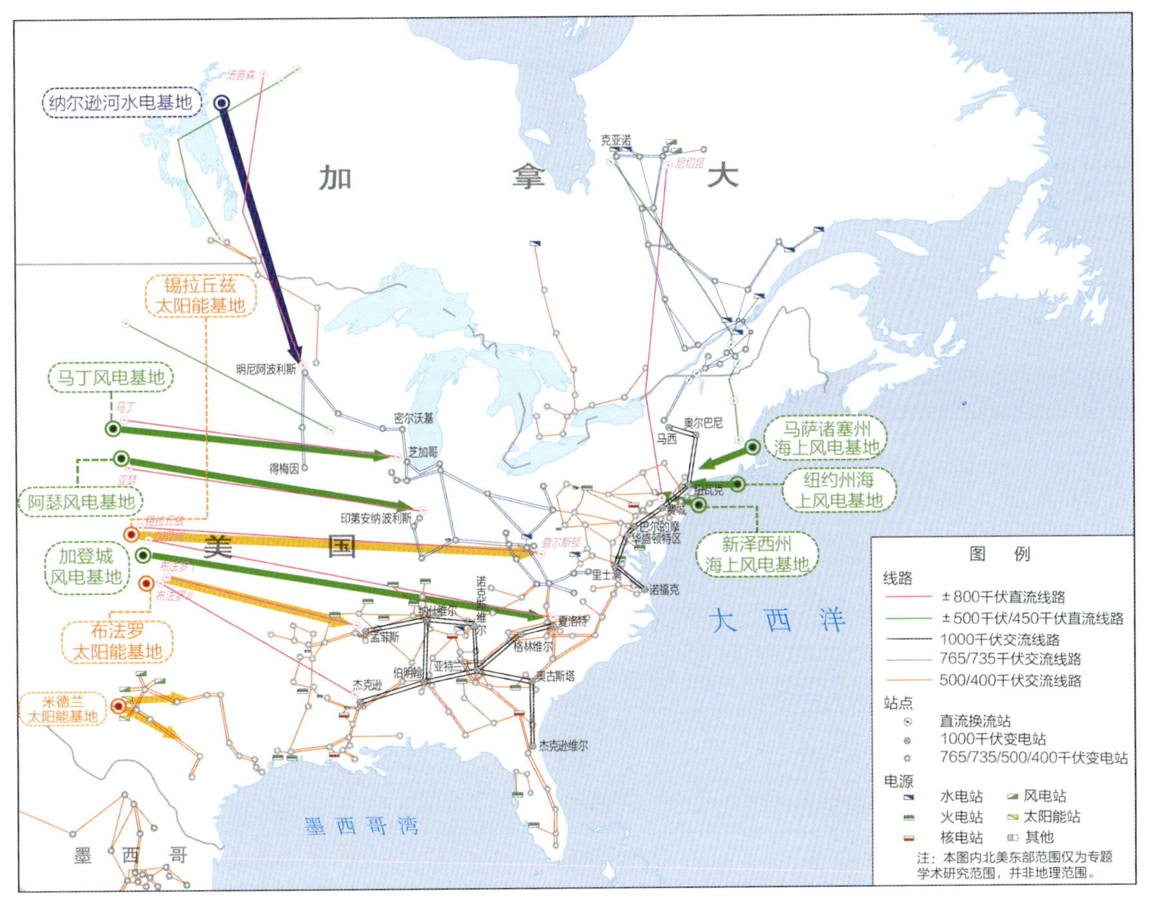

图 4-2 北美洲东部清洁能源基地远期输电方案示意图

4.4 北美洲西部

4.4.1 送电方向

北美洲西部包括美国西部、加拿大西部和墨西哥，其中美国西部和加拿大西部集中了北美洲众多高科技产业，如互联网新兴产业和高端制造业，是北美洲重要的负荷中心，墨西哥是北美洲重要的新兴经济体。2017 年美国西部电网最大负荷 120GW，占美国总负荷 18%；加拿大西部电网最大负荷 23.76GW，占加拿大总负荷的 25%；墨西哥电网最大负荷 42.24GW。目前，美国、加拿大西部电网同步运行，形成了沿西海岸长链式 500kV 交流主网架，墨西哥建设了围绕首都墨西哥城及其他重要城市的多环网 400kV 主网架，北部下加州地区和美国加州 230kV 电网同步互联运行。北美西部清洁能源资源丰富，目前电网输电能力不足以满足清洁能源基地电力大规模外送需求，需加大清洁能源基地外送通道建设力度。

北美洲西部总体的送电方向是“中电西送”。美国中部地广人稀，大型太阳能、风电基地清洁电力需通过建设远距离输电通道向西输送至西部负荷中心消纳。墨西哥太阳能资源丰富，建设大型太阳能基地接入主干网架，可供应墨西哥作为新兴经济体未来持续工业化和产业升级的电力需求。远期建设覆盖美国西海岸和墨西哥的特高压交流主干网架，形成清洁能源大范围优化配置平台，实现加拿大水电、美国水电、墨西哥太阳能及中南美洲水电的跨季节互补互济。

表 4-2　北美洲西部大型清洁能源基地送电方向

基地		国家	主要送电方向
风电基地	兰德	美国	美国西南部、美国西海岸
	弗拉格斯塔夫	美国	美国西海岸
	俄勒冈州海上	美国	美国西海岸
太阳能基地	布拉夫	美国	美国西南部、美国西海岸
	海伦代尔	美国	美国西海岸
	卢塞恩瓦利	美国	美国西海岸
	罗斯维尔	美国	美国西南部、美国西海岸
	利伯塔德港	墨西哥	墨西哥北部
	阿帕钦甘	墨西哥	墨西哥中部
	里奥格兰德	墨西哥	墨西哥中部

4.4.2　输电方式

美国中部风电基地，包括兰德和弗拉格斯塔夫风电基地。兰德风电基地位于怀俄明州，距离西海岸加州负荷中心超过 1000km，宜建设特高压直流输电通道送电拉斯维加斯，就地消纳部分电力后沿新建 1000kV 主网架继续向西输送至洛杉矶等负荷中心。弗拉格斯塔夫基地位于亚利桑那州北部，距菲尼克斯约 200km，宜就近接入加强的本地 500kV 网架，送电本州负荷中心。

美国中西部太阳能基地，包括海伦代尔、卢塞恩瓦利、布拉夫和罗斯维尔太阳能基地。其中海伦代尔和卢塞恩瓦利基地位于加州南部，宜接入扩建的本地 500kV 交流网架，就近送电洛杉矶负荷中心消纳。布拉夫太阳能基地位于犹他州南部，距加州负荷中心超过 800km，宜接入扩建的 500kV 电网汇集，通过新建的 1000kV 输电通道向西南送电至菲尼克斯，供应西南地区各负荷中心需要。罗斯维尔太阳能基地位于西南部新墨西哥州，宜通过扩建的本地 345kV 交流网架汇集，本地消纳部分电力后向西接入扩建的 500kV 交流网架输送至西海岸消纳。

美国西部海上风电基地，位于俄勒冈州西海岸外洋面。宜就近接入扩建的 500kV 交流网架，通过沿西海岸 500kV 输电通道输送至加州北部湾区负荷中心，支撑新兴产业发展用电需求。

墨西哥太阳能基地，包括利伯塔德港、阿帕钦甘和里奥格兰德太阳能基地。利伯塔德港太阳能基地就近接入扩建的 230kV 交流网架，供应北部索诺拉州、下加州等地。阿帕钦甘和里奥格兰德基地接入新建 1000kV 特高压主网架，沿特高压输电通道送电中部墨西哥城、瓜达拉哈拉、蒙特雷三大负荷中心，支撑工业化发展中产业升级电力需求。

北美洲西部清洁能源基地远期输电方案如图 4-3 所示。

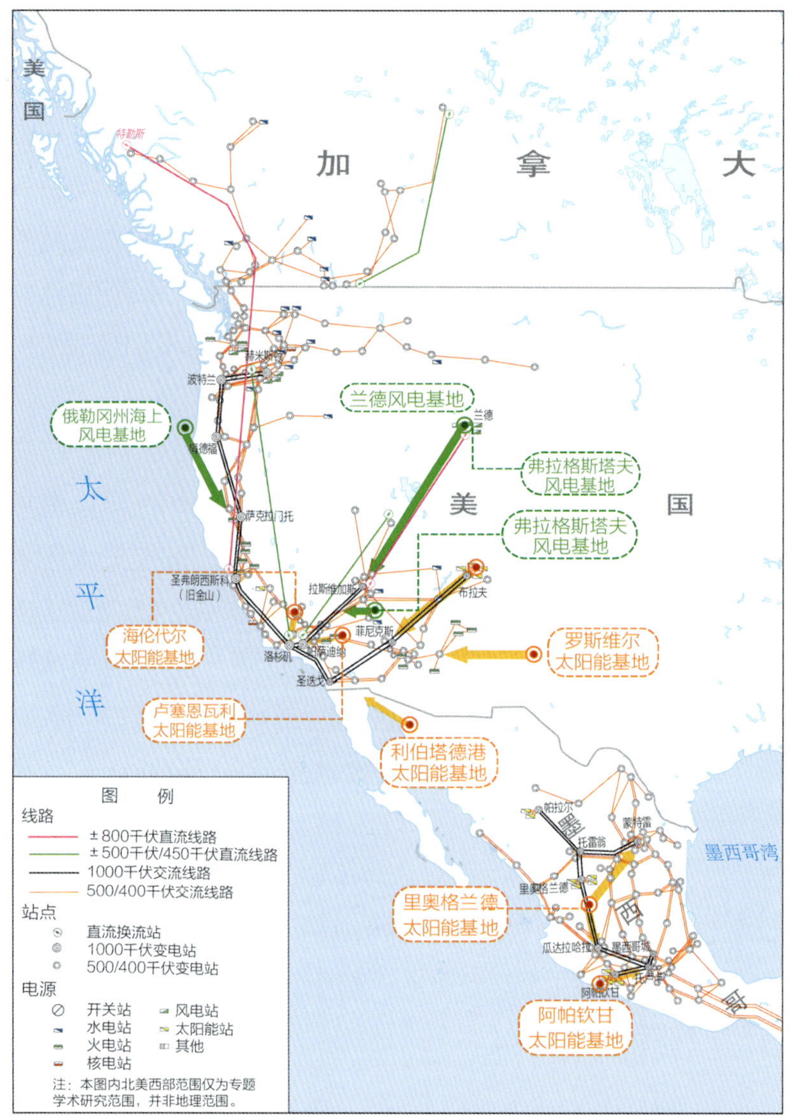

图 4-3 北美洲西部清洁能源基地远期输电方案示意图

4.5　加拿大魁北克

4.5.1　送电方向

魁北克是加拿大面积第一大省，2018 年用电量 231TWh，占加拿大用电总量的 43%，最大负荷约 38.3GW。魁北克水能、风能资源丰富。自 20 世纪 60 年代起，魁北克水电局即大力开发省内水电，建设 735kV 交流线路向南送电至省内负荷中心，并建成世界首条 ±450kV 多端直流线路进一步跨国送电至美国东北部各负荷中心消纳。魁北克同样具备开发大型风电基地的条件，可充分利用电网汇集能力，发挥水电调节功能，实现风电和现有水电联合外送。

魁北克未来的总体方向是“北电南送”，通过进一步加强本地电网并建设电力外送通道，提升北部水电风电联合输送能力，实现清洁电力大规模外送消纳，供应魁北克省南部和美国东北部各大城市用电。

表 4-3　魁北克大型清洁能源基地送电方向

基地		国家	主要送电方向
风电基地	克亚诺	加拿大	加拿大魁北克南部、美国东北部
	尼切昆	加拿大	美国东北部
	马尼夸根	加拿大	加拿大魁北克南部、美国东北部

4.5.2　输电方式

魁北克风电基地，包括克亚诺风电基地、尼切昆风电基地和马尼夸根风电基地，宜就近接入扩建的 735kV 交流主网架汇集后与水电联合外送，分别通过 735kV 交流线路和跨国特高压直流输电通道向南输送至加拿大和美国各大城市。发挥大电网电力汇集能力和水电调节能力，提升外送通道利用效率。

加拿大魁北克清洁能源基地远期输电方案如图 4-4 所示。

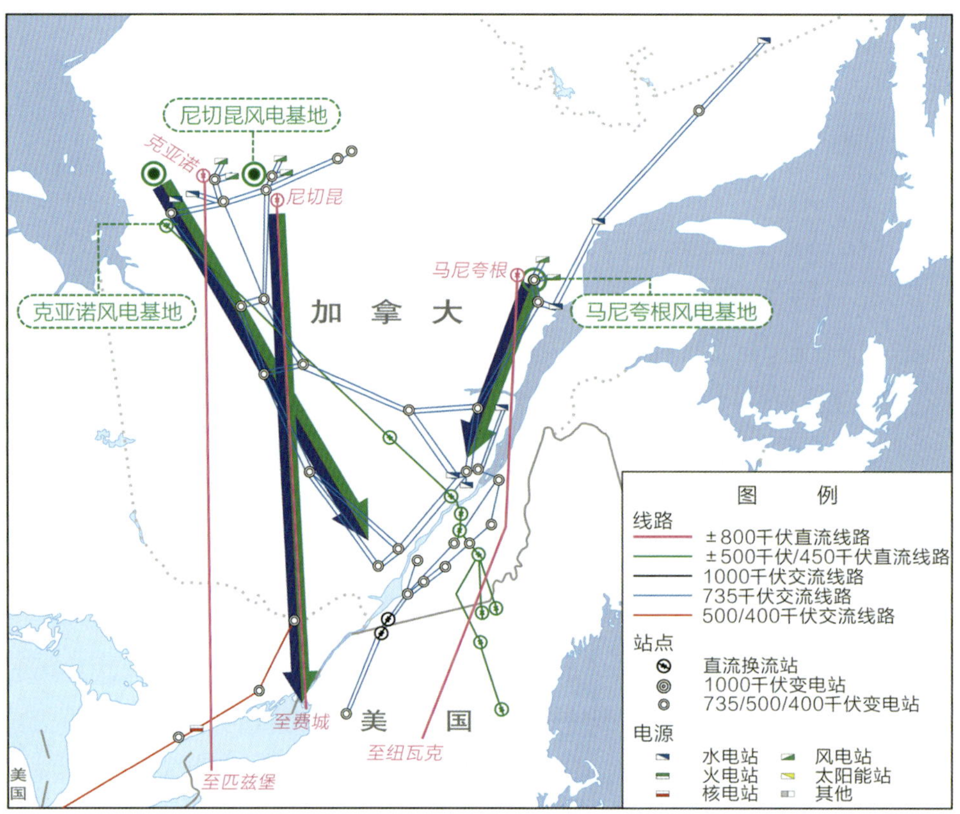

图 4-4　加拿大魁北克清洁能源基地远期输电方案示意图

5 政策环境和投融资建议

基于北美洲清洁能源资源禀赋和区域经济发展特点，综合分析北美洲地区清洁能源投融资政策环境，对北美洲国家从营商环境、清洁能源发展目标、电力行业体制和市场、能源电力投资政策、支持性财政政策及土地、劳工、环保政策等几个维度进行系统分析，研究提出利用北美洲成熟金融市场，充分利用市场化融资手段，吸引全球投资方参与及发行基于项目收益的股票、债券等金融产品，提高项目资产流动性，增强清洁能源开发项目吸引力等投融资建议，以完善本地投资环境，推动北美洲清洁能源发展，实现经济繁荣及环境保护协调发展。

5.1 北美洲国家投融资政策概况

北美洲国家营商环境整体在全球名列前茅。根据世界银行《2020 年全球营商环境报告》显示，美国、加拿大、墨西哥在全球 190 个国家和地区中分别位列第 6、23 名和 60 名，且近几年排名相对稳定。

北美洲国家制定清洁能源发展目标，为国内外投资者参与清洁能源开发提供指引。为保障能源供应安全、应对气候变化等，北美洲三个国家均制定了中长期清洁能源占发电量比例的具体目标，但目标比例尚有提高空间。其中美国提出 2030 年发电厂碳排放与 2005 年相比减少 32%，风力和太阳能等再生能源发电量占总发电量比例达到 28% 的目标，尚有较大提高空间。

北美洲国家不断提升电力市场竞争水平，市场化程度普遍较高。美国与加拿大电力市场化程度高，发、输、配、售各环节均引入市场竞争，形成以私有资本为主的产权模式，电力市场多元化特征明显；墨西哥电力市场化程度较高，发电环节引入私人资本，实行发输分离、配售一体化的批发竞争市场模式，输配电网络允许以私人资本及外国资本以公私合营方式投资，市场竞争程度尚有较大改善空间。

北美洲国家的外资准入政策以通用为主，在清洁能源领域对外国投资持鼓励态度，在部分领域存在一定准入限制。各国的外国投资准入以通用政策为主，均对部分行业明确提出特殊限制要求。美国联邦政府对外国直接投资实行地点及行业中立政策，由各州和地方政府根据当地情况，出台吸引或限制投资的具体实施方针。近期美国宣布停止给予 25 个经济体发展中国家优惠待遇，对外国投资产生一定影响。加拿大对油气、工程等特殊产业的外资比例设定了上限。墨西哥规定部分产业为墨西哥国家控制产业，不允许外资准入。

在北美洲国家投资清洁能源项目多采用 PPP（政府和社会资本合作）模式，发展模式较为成熟、发展潜力较大。北美洲国家可再生能源项目等大型基础设施项目投资模式多采用 PPP 模式，其中加拿大具有全球最活跃成熟的 PPP 市场，PPP 模式被广泛应用于能源等大型基础设施建设项目；美国 PPP 市场近年保持快速增长态势；墨西哥允许外资企业在能源电力领域开展 BOT、BOO、BDO、BBO、PPP，PPP 模式广泛应用于发电等能源部门，项目期限一般在 20～30 年。美国联邦政府未针对外资开展 BOT 项目出台专门规定，多数 BOT 项目以美国当地公司为主，外资在加拿大的 BOT 项目主要集中于道路、桥梁项目。

北美洲国家对清洁能源投资给予税收优惠、补贴等支持性财政政策。北美洲国家均制定了多样化清洁能源产业投资税收优惠政策，加拿大还为清洁技术研发设立税收优惠，充分支持清洁产业发展。三国均制定了电价补贴政策，其中墨西哥设定了补贴价格的调整标准。另外，美国实行了清洁可再生能源债券、与风能公司签署谅解备忘录等多种措施支持清洁发展。

北美洲国家用地政策相对宽松，外籍劳工政策趋紧，并实行严格的环评制度。北美洲国家允许外资企业在本国境内通过购买、租赁两种方式获得私人土地所有权、使用权，针对国有土地则有一系列限制条件，例如美国法律规定美国联邦政府土地管理局持有的土地不出售给外国企业或外国人。北美洲国家的外籍劳工管理政策普遍趋紧，均实行严格的工作许可审查制度，对外籍劳工进入本国市场设立一定限制。在环保政策上，北美洲国家均对清洁能源投资实行严格的环评审查制度，投资企业未按要求进行环境评估将受到相应惩罚。

5.2　北美洲主要国家政策环境

5.2.1　美国

美国总体营商环境名列前茅，根据世界银行《2020 年营商环境报告》，美国在全部 190 个国家和地区中排名第 6 位，在北美洲 3 个国家和地区中排名第 1 位，较 2019 年有所提升。政府为可再生能源发展规划了较为明确的目标；电力市场采用在发、输、配、售电侧以私营资本为主、产权分散的拆分模式，市场化程度高、竞争激烈，是世界成功运作的电力市场典范之一；美国欢迎和鼓励外国投资准入，但部分行业存在一定的法律限制；对可再生能源项目设立多种贷款及税收优惠政策；政府规定国家持有土地不出售给外国企业，但私有土地可自由买卖，对外国劳动力进入本国市场工种类别规定详细，并颁布相关法律监督环境治理。美国政策概况如图 5-1 所示。

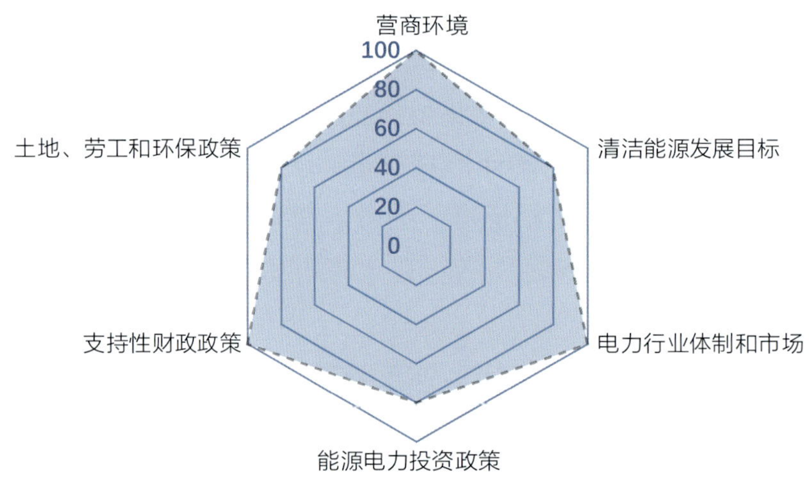

图 5-1　美国政策概况

清洁能源发展目标方面。2009 年出台的《美国复苏与再投资法》，以构建清洁高效的能源体系为核心，对清洁能源产业各个领域投入大规模资金。2010 年政府出台清洁能源税收优惠政策，2016 年增加对风能和太阳能项目的补贴，同时发布《清洁电力计划》，提出的目标为到 2030 年，美国发电厂的碳排放与 2005 年相比减少 32%，美国发电量的 28% 来自风力和太阳能等再生能源。

电力行业体制和市场方面。美国采用发输配售领域私有化的拆分模式，发输所有权分散程度高，市场主体多元化程度高，市场竞争激烈。美国拥有数百家发电商，最大发电商拥有的市场份额不足4%，电网公司数量超过500家。美国终端电价相对便宜，2019年美国各部门平均电价为10.43美分/kWh，其中工业和居民平均电价分别为10.52美分/kWh和12.70美分/kWh。

能源电力行业投资政策方面。美国联邦政府对外国直接投资实行地点及行业中立政策，由各州和地方政府根据当地情况，出台吸引或限制投资的具体实施方针。美国针对基础设施领域实行外国投资对等原则，要求投资者母国政府对美国投资者提供对等权利。在水电等部门存在外国投资者限制，例如只有美国公司或国内公司的合伙公司才可在通航河流开发水电。各州和地方政府出台较多鼓励措施激励清洁发展，如清洁能源贷款担保项目、能源部高等能源研究计划局资助计划、光电能源创新项目、能源效率和可再生能源办公室资助项目等。

支持性财政政策方面。美国出台清洁能源税收优惠政策，支持风电和太阳能发展。财政部发布可再生能源贷款项目、可再生能源投资税收抵扣，为符合条件的纳税人在可再生能源项目的资本投入中减少联邦收入税。能源部发布可再生能源研究和发展项目及清洁能源贷款担保项目等，对在太阳能、生物质能、氢、风力和水力发电及地热能等方面的项目提供资助，减少清洁能源项目融资风险等。另外，美国财政部出台美国可再生能源补贴计划，该现金补贴可用于取代联邦商业能源投资税收抵免。

土地、劳工和环保政策方面。美国法律规定美国联邦政府土地管理局持有的土地不出售给外国企业或外国人，外国人可以购买美国私人拥有的土地。美国对外国劳工进入本国市场规定较为细致，根据美国《移民和国籍法》规定，美国依据外籍工人是否申请在美国永久工作，制定了“永久工作许可”和“短期工作许可”两套准入制度。临时外籍劳务总共分为21类，由美国移民局决定是否批准雇佣外籍劳务。美国是世界上最早建立环评制度的国家，1969年颁布了《国家环境政策法》，规定对可能影响环境的活动和项目进行环境影响评价，并将公众评议纳入编制环境影响评价报告。外资投资立项时必经环评程序，由美国环保局组织、大众参与。

5.2.2 加拿大

加拿大总体营商环境名列前茅，根据世界银行《2020 年营商环境报告》，加拿大在全部 190 个国家和地区中排名第 23 位，与 2019 年排名几乎没有变化，在北美洲 3 个国家和地区中排名第 2 位。政府为可再生能源发展规划了较为明确的目标；电力市场化改革实现了该国在发、输、配、售电侧以私营资本为主的经营模式；加拿大支持外资进入本国，给予外资同等优惠政策，但对部分行业存在一定限制；政府出台了多项针对生产、制造行业、小型企业及创新研发的税收优惠政策；加拿大设定了较严格的外国劳动力限制，能源电力基础设施项目需经过评估和审核方可执行。加拿大政策概况如图 5-2 所示。

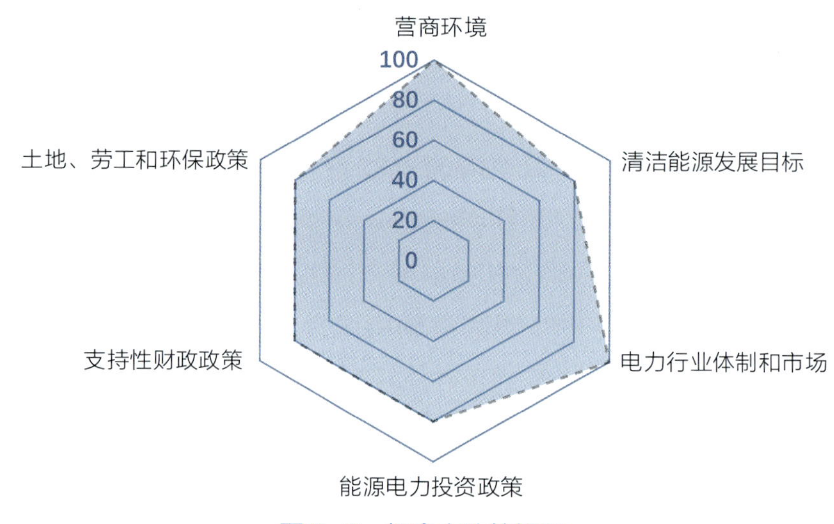

图 5-2 加拿大政策概况

清洁能源发展目标方面。加拿大政府高度重视清洁能源和可再生能源的研究开发和利用，大力发展以氢能、太阳能和风能为主要代表的清洁能源技术。提出《清洁增长和气候变化泛加拿大框架》，拨款 219 亿加元建设“绿色基础设施”，增加可再生能源使用占比。确立了到 2030 年，清洁能源占该国总发电能力 90% 的目标，且计划于 2030 年前淘汰燃煤发电，提高清洁能源使用率。

电力行业体制和市场方面。加拿大发电、输电、配电、售电领域全部私有化且相互拆分的管理模式，市场化竞争程度较高。加拿大在西方七国组织中，是除美国外电价最低的国家，各省电价根据税收、人口、市场需求等因素有所不同。其中，多伦多市年用电量超过 25 万 kWh 的企业适用批发电价，电价水平在 0.1～0.4 加元 / kWh 间浮动；渥太华市生活用电采用峰、中、谷三段分时电价，电价水平分别为 0.132、0.094 加元 / kWh 和 0.065 加元 /kWh，每户另收取固定费用 24.29 加元。

能源电力行业投资政策方面，加拿大为防止外国资本对国内能源电力等相关产业和经济发展造成冲击和损害，对部分敏感经济领域的外国投资准入制定了一定限制，包括铀生产、金融服务等，并对油气、工程等特殊产业的外资持股比例设定了上限。

支持性财政政策方面，加拿大出台了多项税收优惠政策扶植小型企业和制造行业，并针对制造、生产行业制定额外税收优惠。如设立了“投资税收抵免”政策，在应纳所得税中直接减除相应比例税款，以鼓励企业对厂房及相关设备投资。另外，对高新技术的创新研发设立税收优惠，准许企业享受不超过研究开发费用的 35% 税收返还或税收抵扣优惠。另外，加拿大为清洁能源发展提供财政补贴，例如为每千瓦时风电提供相当于风力发电成本与常规发电成本差额一半的产品补贴。

土地、劳工和环保政策方面，加拿大联邦《公民法》及《公司法》规定，外国法人或自然人可以购售及租赁土地，但同时赋予各省限制外国企业及自然人购买土地的权利。加拿大对启用外国劳工规定较为严格，该国雇主聘请临时外劳须先进行劳动力市场影响评估，证明本地加拿大公民或永久居民不愿或无法胜任该项职位。另外，“临时外国劳工计划”政策严格限制外国劳工在加拿大境内工作总时间，设定雇佣底薪外国劳工数量上限，并规定在失业率超过 6% 的地区，低工资技能工种不能雇佣临时外国劳工等。加拿大环境法律适用于所有在加企业，无专门针对外资开展投资或承包工程进行环境评估的相关法律规定。

5.2.3 墨西哥

墨西哥营商环境较好，但近几年有下降趋势。根据世界银行《2020 年营商环境报告》，墨西哥在全部 190 个国家和地区中排名第 60 位，较 2019 年排名下降 6 位。政府为可再生能源发展规划了明确目标；积极推动电力市场化改革，允许私营发电企业参与发电市场竞争，并形成发、输分离的批发竞争模式；在能源电力投资领域，墨西哥对外资准入存在一定限制；外资可以在墨西哥获得土地所有权和使用权，对外籍劳工存在一定限制，能源投资项目需事先接受环评审查。墨西哥政策概况如图 5-3 所示。

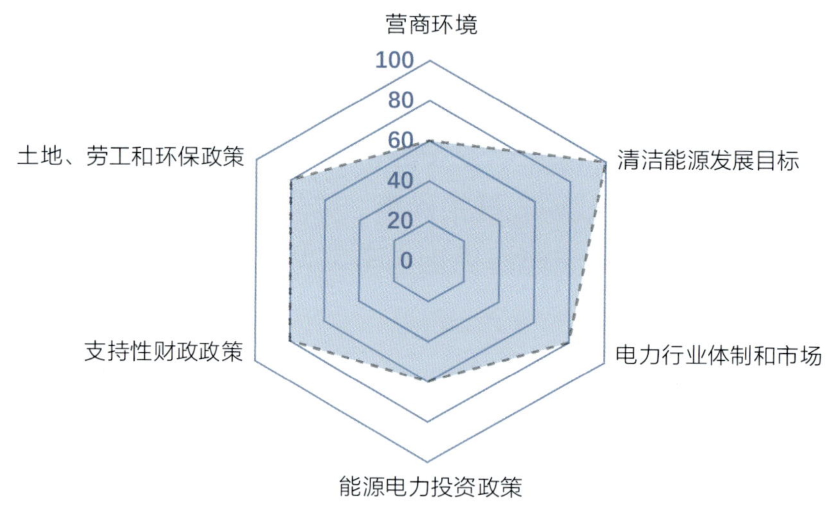

图 5-3 墨西哥政策概况

清洁能源发展目标方面，根据墨西哥政府《2016—2030 年电力发展规划》，到 2030 年风电和光伏发电装机分别达到 15101.1MW 和 6890MW。墨西哥于 2017 年公布了新的能源转型规划，指明可再生能源发展具体目标为 2021、2024、2036 年及 2050 年可再生能源发电量占总发电量比例分别达到 30%、35%、45% 及 60%。政府发布《可再生能源利用特别计划》(Special Program for the use of Renewable Energies）作为墨西哥政府在风电和光伏发电领域的主要指导文件，增加可再生能源发电装机，提高生物质发电装机比例，增加政府和私人领域对可再生能源发电建设的投资。

电力行业体制和市场方面，墨西哥发电领域已实现私有化，采用发电和输电环节拆分、配售一体化的批发竞争模式。输配电网络由国家所有，允许私人资本及外国资本以公私合营方式进行投资。墨西哥市场化竞争程度有较大改善空间，墨西哥国有电力公司（CFE，Comisi ó n Federal de Electricidad）在发电环节仍处于垄断地位，所占市场份额高达 76%，售电领域完全由墨西哥国有电力公司垄断。墨西哥终端电价实行峰谷分时电价机制，地区电价差异较大，商业电价普遍高于工业电价及居民电价。2018 年国家商业电价平均水平为 17.24 美分 / kWh，居民电价水平为 10.7 美分 / kWh,，工业电价水平为 0.99 美分 / kWh。

能源电力行业投资政策方面，墨西哥《外国投资法》规定核能发电、电力系统规划等行业为墨西哥国家控制产业，不允许外资准入。为鼓励外国投资，针对具有外资限制的部分行业，设立了中性投资与信托机制，授予投资者经济利益，但不授予股东会的投票决策权。

支持性政策方面，墨西哥出台了《可再生能源证书指导意见书》明确可再生能源证书的获取条件，降低政策实施成本；对可再生能源出台补贴政策，由墨西哥能源控制中心 (CENACE) 设定补贴价格的调整标准。政府出台税收优惠政策，对 2016—2017 年间的新能源设备投资给予投资税收 100% 的减免。另外，墨西哥出台适应可再生能源发电接入的电力系统改革项目，颁布可再生能源并网协议，确定可再生能源的传输费用。

土地、劳工和环保政策方面，墨西哥允许外国法人或自然人在墨非限制区域购买不动产。国有及集体所有的土地须在产权更替为私人所有后才可出售或租赁给外商，部分地方政府为吸引外资，规定将外资项目所需国有土地无偿或以象征性价格向外商出售或出租。墨西哥规定外资企业中墨西哥人所占比例需高于 90%，其中管理层不受该比例限制，技术及专业人员原则上须为墨西哥公民。墨西哥重视环境保护，规定基础设施、能源电力等项目均需办理环评手续，违反墨西哥官方标准（NOM）将受到处罚和制裁。

5.3 投融资建议

5.3.1 充分利用市场化融资手段

北美洲拥有发达成熟的金融市场，建议以商业贷款、发行债券股票、信托投资、资产运营等市场化融资为手段筹集资金，搭建清洁能源项目投融资平台，吸引全球资本投资参与。充分发挥北美洲市场化清洁能源基金优势，集中整合产业资本、金融资本、机构投资者、个人投资者等多种类型资金，为清洁能源项目提供长期稳定的融资渠道。例如，美国纽约州于 2016 年建立 50 亿美元清洁能源基金，鼓励风能及太阳能等可再生能源发电；比尔·盖茨于 2018 年成立 1 亿欧元绿色基金，帮助企业开发清洁技术；亚马逊公司于 2020 年 6 月宣布，将启动一个 20 亿美元的风险投资基金，用于支持打造“可持续性和低碳化技术”的公司。

北美洲大型基础设施项目投融资广泛采用公私合营模式，PPP 模式发展较为成熟且潜力较大。清洁能源项目投资规模大、面临多重风险，建议加强当前北美洲大型基础设施投融资广泛应用的 PPP 模式，由政府部门与私人企业签订清洁能源项目合同，共同成立PPP 项目公司，筹资、建设和经营清洁能源项目。以 PPP 投资模式吸引私人企业和部门参与清洁能源投资，形成政府与企业“利益共享、风险共担”的合作关系，降低政府投资压力、提高项目融资能力，同时引入私人企业先进的清洁能源开发技术、管理理念和运营经验，提高项目开发效率，充分吸引全球多方资本参与项目投资建设，扩大投资规模。

5.3.2 发行基于项目收益的股票、债券等金融产品

北美洲拥有全球最发达的债券市场，清洁能源项目可以通过发行基于项目收益的股票、债券等金融产品获得融资。项目建设经营方得到即时可用的资金后，可立即投入到清洁能源新项目建设中，将缺乏流动性的基础设施存量资产转化成流动性强的金融产品，化解资金来源困局，形成良性循环，提高清洁能源项目资产的流动性和项目盈利能力。

项目收益债券由项目实施主体或其实际控制人发行，与特定项目相联系，债券募集资金用于特定项目的投资与建设，债券的本息偿还资金完全或主要来

源于项目建成后运营收益的债券。项目收益债券与普通企业信用债券相比，主要有两方面优势：一是项目收益债券以项目未来的现金流为偿债来源，其发行规模、融资成本等不取决于项目公司而依赖于项目本身。二是与普通企业债券及银行贷款相比，项目收益债券融资期限长，通常可覆盖项目的整个运营周期。债券还本付息主要与项目情况关联，受外部因素影响较小。项目融资的核心评级要素为标的项目的建设期和运营期风险，建设期主要关注工程技术与设计风险、施工建设风险，运营期主要关注经营风险、市场风险、国家风险和偿债备付率。

5.4 小结

北美洲经济发展水平高，清洁能源资源丰富且开发程度较高，清洁能源项目投资机遇良好。在经济绿色发展、保障能源安全、应对气候变化等诉求下，北美洲需进一步改善清洁投资环境、创新投融资模式，以壮大清洁发展规模，带动北美洲经济高质量发展。本章梳理北美洲地区及主要国家政策环境，研究提出利用北美洲成熟金融市场，充分利用市场化融资手段，吸引全球多元投资方参与及发行基于项目收益的股票、债券等金融产品，提高项目资产流动性，增强清洁能源开发项目吸引力等建议，以完善北美洲清洁投资环境，着力打造北美洲绿色经济发展新动力，实现其经济繁荣及环境保护协调发展。

结 语

科学准确的资源量化评估和系统高效的基地宏观选址是清洁能源大规模开发利用的基础与前提，开展大型基地的电力外送研究和相关国家的政策环境及投融资研究是实现清洁能源大范围优化配置、推动项目实施落地的关键与保障。北美洲清洁能源开发与投资研究是在全球能源互联网发展战略指导下，秉持绿色、低碳、可持续发展理念，对北美洲水、风、光清洁能源资源条件和开发重点的一次科学、系统、全面的研究。本报告系统地回答了北美洲清洁能源“有多少”“在哪里”“怎么样”等一系列关键问题，提出了一批极具开发潜力的大型基地，不仅给出了基地开发的技术和经济性指标，而且包括清洁电力消纳、外送输电通道以及政策环境和投融资模式等内容，对推动北美洲能源变革转型提供了强有力的数据支撑和行动指南。

加快开发北美洲丰富的清洁能源资源，将有力保障北美洲电力能源供应，有效应对气候变化和保护生态环境，打造北美洲经济增长新引擎，推动北美洲绿色、低碳、可持续发展。加快北美洲清洁能源资源开发，是一项复杂的系统工程，涉及技术、经济和政治等多方面，需要各方以共商、共建、共享、共赢为原则，开展务实合作，形成强大合力。未来需要各方在以下几个方面共同努力。**一是扩大合作共识**，促进各国政府、能源企业、行业组织、社会团体形成广泛共识，建立清洁发展的合作框架、政策机制和投融资模式。**二是加强规划统筹**，发挥规划统领作用，强化顶层设计，把清洁能源资源开发纳入各国能源电力发展规划重点，加快形成上下游产业协同联动的有利局面。**三是注重创新驱动**，整合企业、科研机构的优势力量，推动技术和装备研发攻关，建立产学研深度融合发展新路径，紧紧抓住清洁能源发电技术快速发展历史机遇，用创新为绿色发展赋能。**四是推动项目突破**，加强政府、企业、金融行业等更广泛合作，结合各国国情和特点，用商业模式和投融资创新推动一批经济效益好、示范效果强的大基地、大项目早开发、早见效，早日惠及北美洲经济社会发展。

北美洲清洁能源开发符合北美洲各国与国际投资者的共同利益，前景广阔、大有可为。衷心希望有关各方携手努力、密切协作，大力推动北美洲清洁能源开发项目落地实施，促进北美洲经济社会发展，共创更加美好的明天！

图书在版编目（CIP）数据

北美洲清洁能源开发与投资研究 / 全球能源互联网发展合作组织著. —北京：中国电力出版社，2020.10

ISBN 978-7-5198-5089-0

Ⅰ. ①北… Ⅱ. ①全… Ⅲ. ①无污染能源—能源开发—研究—北美洲 ②无污染能源—投资—研究—北美洲 Ⅳ. ① F471.062

中国版本图书馆 CIP 数据核字（2020）第 202973 号

审图号：GS（2020）5855 号

出版发行：中国电力出版社
地　　址：北京市东城区北京站西街 19 号（邮政编码 100005）
网　　址：http：//www.cepp.sgcc.com.cn
责任编辑：孙世通（010-63412326）王　欢
责任校对：黄　蓓　王小鹏
装帧设计：北京锋尚制版有限公司
责任印制：钱兴根

印　　刷：北京瑞禾彩色印刷有限公司
版　　次：2020 年 10 月第一版
印　　次：2020 年 10 月北京第一次印刷
开　　本：889 毫米 ×1194 毫米　16 开本
印　　张：10.5
字　　数：210 千字
定　　价：230.00 元
